봄에는 기쁘다

한강의 문장들

봄에는 기쁘다
한강의 문장들

초판 1쇄 인쇄 · 2025년 4월 23일
초판 1쇄 발행 · 2025년 4월 29일

지은이 · 민정호
펴낸이 · 한봉숙
펴낸곳 · 푸른사상사

주간 · 맹문재 | 편집 · 지순이 | 교정 · 김수란, 노현정 | 마케팅 · 한정규
등록 · 1999년 7월 8일 제2-2876호
주소 · 경기도 파주시 회동길(서패동) 337-16
대표전화 · 031) 955-9111(2) | 팩시밀리 · 031) 955-9114
이메일 · prun21c@hanmail.net
홈페이지 · http://www.prun21c.com

ⓒ 민성호, 2025

ISBN 979-11-308-2240-2 03810
값 19,500원

- 저자와 합의하여 인지는 생략합니다.
- 이 도서의 전부 또는 일부 내용을 재사용하려면 사전에 저작권자와 푸른사상사의 서면 동의를 받아야 합니다.
- 이 도서의 표지와 본문 레이아웃 디자인에 대한 권리는 푸른사상사에 있습니다.

교양선 23

봄에는 기쁘다

한강의 문장들

민정호

작가의 말

나는 소설을 좋아해서 국문학과에 입학했다. 신입생 신분으로 첫 학기에 '한국문학의 이해'라는 수업을 듣게 되었다. 첫 수업에서 김승호 교수님은 "여러분은 한국문학이라고 하면 한강 같은 작가만 떠오르지요?"라고 말씀하셨는데, 그때 처음으로 '한강'이라는 이름을 들었다. '한강'이라는 이름 때문이었을까? 첫 수업이 30분도 채 안 돼 끝나자마자 그길로 도서관에 갔고, 바로『내 여자의 열매』를 빌려 읽었다. 그 당시 파주에 살았던 나는 동대입구역에서 구파발역까지 30분을 지하철을 타고 가면서, 구파발역에서 파주까지 60분을 버스를 타고 가면서, 그 책을 읽고 또 읽었다. 지하철과 버스를 기다리며 갈아타는 시간에도 그 책을 읽고 있었으니까 장장 두 시간 동안 그 책과 씨름한 것이다. 그때 무슨 생각을 했냐면, 스무 살이 감당하기에는 너무 어렵다는 생각을 했었다. 그게 무슨 말이냐고? 아무리 이해하려고 노력해보아도, 다가갈 수 없는 어떤 캄캄한 '터널' 같은 게 그 책과 나 사이에 존재했다는 말이다.

20년이 훌쩍 지나 우연히 나카시마 미카(中島美嘉)의 〈내가 죽으려고 생각한 것은(僕が死のうと思ったのは)〉을 듣게 됐는데, 그때

내가 느꼈던 그 터널이 무엇을 의미했는지를 알게 되었다. 그녀는 가수에게 매우 치명적인 '양측이관개방증'을 앓고 있어서 활동을 중단한 적도 있었고, 세 살 연하의 배구 선수와 결혼했다가 이혼한 적도 있었다. 그런 그녀가 가슴을 치며, 때로는 무릎을 꿇고 스피커에 자신의 손을 대면서 '죽는 것만 생각하게 되는 것은 분명 살아가는 것에 너무 진지하기 때문이야'라는 가사를 노래하는데, 불현듯 한강의 『내 여자의 열매』가 다시 생각났다. 그러니까 어떤 식으로든 이해하기 위해서 무릎을 꿇고 스피커에 손을 대면서 몸부림치지 못했던 그 시절, 스무 살의 내가 생각난 것이다. 누군가 갑자기 이 책을 왜 썼냐고 묻는다면, 20년 전에 느꼈던 그 터널 속 문지방을 한번 넘어보기로 결심했기 때문이라고 말해야겠다. 몸부림쳐보니, 이제 뭔가 조금 알 것도 같다고 고백하며 말이다.

작년에 『이유 없는 다정함 : 김연수의 문장들』을 쓰고 나서, 논문에만 집중했고, 독서 에세이를 다시 쓸 여력은 없다고 생각했다. 그런데 열한 권의 한강 소설을 다시 읽으면서 컴퓨터 앞에 고쳐 앉아 밤새도록 읽고 쓰는 나를 봤다. 그럴 여력이 있었다기보다 소설 속 이야기 하나하나가 그럴 여력을 만들어주었다고 보는 게 맞을 것이다. 이 책의 제목, '봄에는 기쁘다'는 『내 여자의 열매』에 실린 「아기 부처」에 나오는 문장에서 가져왔다. 20대에 나는 한강의 작품을 꾸역꾸역 꼭 '겨울'처럼 읽었지만, 지금은 무던히 '봄'처럼 읽어나가고 있으니, 그 문장이 곧 이 책이라고 봐도 무방하겠다. 무수히 많은 오독이 이 책 어딘가에 도사리고 있음을 너무나 잘 알고 있다. 하지만 읽는 분들의 혜량으로 너그럽게 이해되기를 바라며, 한강 소설을 읽고 이런 생각을 하는 사람도 있네, 이렇게라도 이해될 수 있다면 더는 바랄 게 없겠다.

이 책은 겨울방학을 하자마자 쓰기 시작했다. 딸아이도 방학이었고, 아내도 연차를 냈을 때가 있었지만, 염치 불구하고 나는 가족을 뒤로한 채 서재에 틀어박혀 '한강'만 읽고 쓰고 있었다. 그럼에도 불구하고 언제나 다정하게 격려해줬던 아내에게 감사의 마음을 전한다. 아직도 '이유 없는 다정함'을 떠올리면 나는 아내부터 생각난다. 옆에서 무심한 듯하면서도 고쳐보면 너무나 유심했던 딸아이 이레에게도 고마운 마음을 전한다. 이런저런 음해 공작에도 단단하게 자신의 인생을 개척해 나가는 딸아이를 보면 '봄에는 기쁘다'와 가장 잘 어울리는 인물이 우리 딸이 아닐까, 생각하게 된다. 마지막으로 이 책은 장차 봄에는 기뻐할 모든 분들을 응원하는 마음으로 세상에 내놓는다. 고맙습니다. 문득 든 생각, "겨울에는 견뎠고 봄에는 기쁘다."(174쪽) 여기서 정말 무슨 말을 더 할 수 있을까? 너무 충분해서 더 할 말이 없구나.

2025.4.
동국대학교 B414호에서
민정호

차례

작가의 말　5

1　봄　14
2　호기심　18
3　뒷모습　22
4　출가　26
5　만남　30
6　꽃　34
7　물구나무　38
8　어른　42
9　위로　46
10　장례식　50
11　양심　54
12　소생　58
13　차가움　62
14　혼자　68

15 그곳   72

16 규칙   76

17 배제   80

18 방어   84

19 접촉   88

20 소통   93

21 연결   97

22 재건   102

23 영원히   107

24 의미   111

25 기억   115

26 우리   119

27 의지   123

28 함께   127

29 습관   134

30 심장   138

31 자전거   142

32	황홀	146
33	가면	150
34	사랑	154
35	선	158
36	관찰	162
37	뒷면	167
38	유다	172
39	바람	176
40	이야기	180
41	태도	184
42	부끄러움	188
43	함께	193
44	견디는 법	198

참고자료   205

당신도 뭐가 되고 싶다면,

매너 있는 척, 사회생활로 치부해 그냥 단념하고 넘기지 말고,

당당하게 그게 한번 되어보라고.

그렇게 하는 게 미친 게 아니라

그렇게 안 하는 게 오히려 미친 거라고 말해주고 싶네.

1
봄

겨울에는 견뎠고 봄에는 기쁘다.

「아기 부처」, 『내 여자의 열매』, 174쪽

    중풍이 들어 집에서 불화(佛畵)만 그리는 엄마가 있다. 그리고 맞지 않는 옷을 입은 사람처럼, 힘겨운 결혼 생활을 겨우겨우 유지하면서 매일 아기 부처 꿈을 꾸는 딸이 있다. 딸의 남편은 방송국의 유명 아나운서인데, 그는 같은 방송국의 교향악단 바이올리니스트와 바람이 난다. 딸은 남편이 불우한 환경 속에서 오기와 집념으로 성격이 삐뚤어져버렸다는 사실을 인정하면서도, 화상(火傷)으로 몸의 상처와 마음의 상처가 빈항기로 결합되었나는 사실을 알았음에도, 완전한 이해를 갈망하며 완벽주의를 주장하고, 심지어 다른 여자와 바람이 났는데, 그 바람의 이유를 자신에게 떠넘기려 한다는 사실을 너무나 잘 알고 있으면서도, 그와 같이 결혼 생활을 꾸역꾸역 이어나가려 노력한다. 그러다가 출판사에서 삽화를 그리며 모아둔 돈을 가지고 남편을 떠나 새집으로 이사를 가려고 한다. 그러자 바이올리니스트와 헤어지고 자기 분을 이기지 못한 남편이 자기 몸에 생채기를 낸 어느 날 아침에, 우연히 소나무를 바라보다가 저 생각을 하게 된다.

언젠가, 유시민 작가가 〈알쓸신잡〉에 나와서 정치를 그만두게 된 이유를 말한 적이 있다. 개인적으로 그의 논리정연함을 좋아해서 정치인 유시민을 꽤 많이 동경했었는데, 그가 더 이상 정치를 안 한다고 했을 때, 나 역시 퍽이나 아쉬웠던 기억이 난다. 그는 정치를 그만두기 전에 인터넷에서 10년 동안 정치 활동을 하는 자신의 사진을 쭉 살펴봤다고 말했다. 그러고 나서 그만두기로 결심했다고. 그 사진 속 얼굴이 자신이 어떤 인생을 살고 있는지를 고스란히 방증하는데, 정치 행위를 하는 자신의 불편한 얼굴을 더 이상 볼 수가 없었다고 말이다. 소설에서 엄마는 중풍으로 입원해 병원 응급실에서 깨어난 후, "후회가 된다."(148쪽)라고 연신 말한다. 엄마는 딸과 같이 산행을 하다가 가능하면 후회는 빨리 할수록 좋은 거라고, 늦으면 어쩔 수 없는 거라고 말한다. 어릴 때부터 조숙한 편이었던 딸이 인내를 성숙이라 생각하고 그저 견디면서 시름시름 앓고만 있을까 걱정해서 한 말일 것이다. 그러니까 저 말은 사위와의 관계가 정확히 어떤지는 모르지만, 갈수록 안색이 안 좋아지는 딸에게 엄마로서 해줄 수 있는 유일무이한 조언이었으리라. 결국 유시민 작가는 소설 속 엄마 말대로라면 가능한 빨리 후회하고 겨울을 신속히 벗어나 최대한 기민하게 봄으로 넘어간 셈이 된다. 결국 "겨울에는 견뎠고 봄에는 기쁘다"(174쪽)처럼, 그는 견딜 수 없었던 정치인 시절을 지나, 지식인으로 살면서 원 없이 책도 쓰며, 기쁘게 봄을 만끽하고 있으니.

생각해보면, 결혼하고 나서, 나도 꽤 바쁘게 살았다. 사실 이 이야기는 부모님도 잘 모르는 일인데, 오전에는 평생교육원에서 강의를 하고, 오후에는 학원에서 국어를 가르치고, 밤에는 국어나 영어 과외를 하면서 지냈었다. 점차 학원에서는 인기 강사가 되어 갔고, 과외도 나름 입소문을 타면서 이제 막 아이가 생긴 가정 경제에 정말 큰 도움을 주었다. 그런데 이상하게도 정작 나는 서서히 생기를 잃어가고 있었다. 이상하지? 그 당시 나는 스스로를 '가장'이라고만 생각하면서 버티기 작전에 돌입 중이었다. 그래서 끼니 정도는 가볍게 생략했고 — 정말 하루에 한 끼도 안 먹은 적도 많았다. — 아메리카노를 벗 삼아, 매 순간을 돈 버는 데에만 집중하며 겨우겨우 버텨나가고 있었다. 가장이라면, 공부? 기꺼이 하고 싶은 걸 포기할 줄도 알아야 한다고, 아이까지 생긴 마당에 돈보다 더 중요한 것은 없다고까지 생각했다. 과외까지 마치고 들어온 어느 야심한 밤, 새벽 1시가 넘었을 시점, 평소와 달리 딸아이와 자지 않고 나를 기다리던 아내가 할 이야기가 있다고 나를 불러 세웠다. '가장'이란 이름 아래 숨어서 그만 좀 버티라고, 그리고 이제 그만 '돈'과 '공부' 중 하나를 선택하라고. 다만, '돈'을 선택할 경우 아내와 딸 때문에, 가장이라서 '돈'을 택했다는 말은 일절하지 말라고 말이다.

겨울이 가면 봄이 와야 하는데, 여전히 겨울인 사람들도 있다. 『고흐 그림 여행』을 보면, 고흐는 파리에서 두 번 살 기회가 있었지만, 도회적인 인상파 화가들의 화풍을 흡수하지 않고 자신의 "농촌 지향적인 성향"(134쪽)을 그대로 유지했다고 한다. 만약 고흐가 자신의 농촌 지향적 성향을 세련된 도회지와 비교하며 촌스럽다 느끼고, 이를 감출 목적으로 도회적인 인상파 화풍만을 따라 하며 그 상태를 버티고 또 버텼다면? 누구나 좋아하는 지금의 고흐는 우리가 알고 있는 그 고흐가 아니었을 것이다. 결국, 겨울이 가도 여전히 겨울인 이유는 '잘못된 선택'을 하고도 그 선택의 결과들을 손에 쥔 채로 어리석게만 버텼기 때문이 아닐까? 소설에서는 분명하게 말하고 있으니. "눈물로 세상을 버티려고 하지 마라."(119쪽) 나는 내 선택의 정당성을 훼손하지 않으려 희생하고 헌신하는 가장이라는 미명하에 어리석게도 눈물로 버텨나간 꼴이었으니, 입이 열 개라도 할 말이 없다. 그날 새벽, 아내와 이야기한 후? 정신이 번쩍 들지 않았다면, 거짓말일 것이다. 아내 덕분에 나는 겨울에는 견뎠고 봄에는 기쁘다.

2
호기심

나는 평생을 정착하지 않고 살고 싶어요.

「내 여자의 열매」, 『내 여자의 열매』, 22쪽

아내는 벌었던 돈을 모두 털어 한국을 떠날 결심을 한다. 사직서를 내고 한국을 떠나 '세계의 끝'으로 떠나고 싶다고, 그곳에서 피 속의 모든 노폐물을 제거하고 자유를 느끼고 싶다고 말한다. 하지만 아내는 사직서를 낸 후 남편의 프러포즈를 승낙해버리고, 18평짜리 상계동 아파트 전세금으로 여행을 위해 모았던 돈 전부를 사용해버린다. 그렇게 결혼을 하고 살다가, 언제부턴가 아내는 온몸에 멍이 들기 시작하고, 그 멍은 마치 도란잎처럼 온몸으로 점점 퍼지면서 더 커지고 넓어진다. 하지만 병원에 가도 들을 수 있는 건 아무런 이상이 없다는 대답뿐이었다. 그러던 어느 날, 출장을 다녀온 남편은 베란다에서 알몸으로 무릎을 꿇고 두 손을 치켜올린 채 앉아 있는 아내를 보게 된다. 그러면서 아내는 점차 베란다에서 완연한 식물이 되어가는데, 계절이 변하고 늦가을이 되자 아내는 석류알 같은 열매를 몇 개 쏟아낸다. 남편은 그 열매를 먹어도 보고 화분에 심기도 하는데, 그러면서 봄이 오면 아내가 다시 피어날지를 자문해본다.

서동욱은 『타자철학』에서 호기심을 다음과 같이 정리한다. "호기심의 존재 양식은 '새것에서 새것으로만 이동하고 진짜 알지는 못하는 것'이다."(145쪽) 우리는 누군가 나에게 다가올 때, 이 사람이 단순한 호기심으로 나에게 다가오는지, 아니면 진짜 관심이 있어서 다가오는지 금세 알아차릴 수 있다. 왜 주변에 보면, 새로운 사람이 들어올 때마다 과도한 호기심을 보이고, 얼마 지나지 않아 잘 알지도 못하면서 제풀에 지쳐 심드렁해지는 사람들이 있지 않은가? 호기심은 알지 못했더라도 '새것'에서 '새것'으로 이동해야 하니. 소설에서 남편이 아내의 멍을 대하는 태도를 보면 사랑과 관심이라기보다는 일종의 '호기심' 같았다. 그러니까 아내에게 관심을 보였다기보다 평소에 관심이 없다가 갑자기 생긴 아내의 '멍' 그 자체에 호기심을 나타냈다는 표현이 더 정확할 것이다. 오히려 그의 관심은 아내의 건강이라기보다는 철저하게 자신의 외로움인데, 아내의 멍든 병세가 악화되는 그 순간에도 남편은 자신의 '외로움'에만 천착한다. 그런 점에서 남편이 세계 일주를 꿈꾸는 아내에게 했다는 프러포즈, "나는 평생을 외롭게 살았습니다."(21쪽)는 너무나 그다웠다. '오직 나의 외로움을 채워주기 위해 존재하는 당신을 사랑합니다.' 뭐 이런 식으로 이해되었으니까.

인도에 처음 갔을 때, 나는 한국에 돌아오고 싶지 않았다. 석사 과정을 휴학한 상태로 인도에 갔기에 공부를 마무리하지 못했고, 무엇보다 군대에 가야 했음에도 나는 틈만 나면 한국에 가지 않겠다고 선언했었다. 부모님과 지금의 아내에게는 너무나 미안한 말이지만(그때는 연애 전이었지?), 나는 정착하지 않고 여기저기 돌아다니면서 새로운 장소에서 새로운 사람을 만나고 싶었다. 그만큼 인도에서 나는 좋은 사람들을 많이 만났고, 신기하고 진귀한 경험을 많이 했으며, 한국에서는 이러한 경험을 다시 못 할 거라고 확신했었다. 그런데 지금 와서 생각해보면, 이게 너무나 막연한 호기심이 아니었나 하는 생각이 든다. 그러니까 그 당시 군대도 가지 않았던 내가 한국과는 너무나 달랐던 인도에서, 그 강렬한 호기심에만 의존해 무턱대고 인생 행로를 바꾸려 한 게 아니었냐는 말이다. 실제로 한국에 돌아와 다시 공부를 시작하고 군대까지 다녀와 결혼까지 해서 예쁜 딸까지 생기고 보니, 그때 그 호기심에 이끌려 인도에 남아 여기저기를 여행했다면, 과연 내 인생이 어떠했을까? 하는 생각을 새삼 해보게 된다. 물론 이런 생각들은 그저 하나 마나 한 것들이지만.

영화 〈원스〉를 보면, 더블린에서 버스킹을 하며 생계를 유지하는 글렌이 나온다. 글렌은 어느 날 버스킹을 하던 중 마르게타를 만나게 되고, 그녀의 청소기를 고쳐주면서 뛰어난 피아노 연주 실력을 알게 된다. 그 후 둘은 노래를 함께 만들며 연습하고 그 노래를 런던에서 녹음한다. 그런데 나는 녹음 후 본격적으로 음악을 런던에서 시작하려는 글렌이 아버지와 이별하는 장면이 기억에 남는다. 글렌이 녹음한 노래를 들려준 후에, 런던으로 가고 싶은 마음을 보이면서도 쇠약한 아버지 때문에 그 결정을 망설이는 듯하자, 아버지가 단호한 표정을 지으며 "Just go"라고 말하는 장면 말이다. 저 장면을 보며 나는 내가 저럴 수 있어야 한다고 생각했다. 누구에게? 우리 딸에게, 아내에게, 그리고 부모님에게, 내 학생들에게. 그리고 우리 모두에게. 아버지는 아들이 녹음한 새로운 노래에 '호기심'을 보인 게 아니라 아들의 '음악 인생 전부에 관심'을 보였던 거라고 나는 생각했다. 설령 그게 아들이 늙은 자신을 아일랜드 시골에 내팽개치고 도시 런던으로 가는 꼴이라고 하더라도 말이다. 만약 저 기회를 자신 때문에 놓친다면, 좋은 아들이라는 미명하에 어느 구석 베란다에 뿌리를 내리고 먹음직스런 열매 몇 개쯤 토해내는 아들을 도저히 볼 수 없었을 테니까.

3

뒷모습

뒷모습이 앞모습보다 많은 것을 보여줄 때가 있지요.

「흰 꽃」, 『내 여자의 열매』, 328쪽

   '나'는 지방 국립대학교 국문과를 나와 잡지사를 비롯해서 방송사, 편집대행사 등에서 일하지만, 과로와 위경련으로 적응에 애를 먹는다. 그러던 중 우연히 태양 열두 개가 떠오르는 꿈을 꾸고 편집대행사를 그만둔다. 그리고 나서 제주도 북제주군 세화리에서 두 달을 지내게 되는데, 완도로 배를 타고 돌아오면서 몇몇 사람을 만난다. 그 배에서 복잡한 선실을 피해 어두운 복도로 찾아가는데, 그곳에서 흰색 양복을 입은 남자와 우연히 마주한다. 이때 장례를 치르고 온 중년 부부와 춘천고등학교에서 수학여행을 다녀가는 학생들까지 들어와 모두 일곱 명이 그 복도에 함께 있게 된다. 그러던 중에 심한 뱃멀미로 중년 여자가 흰 양복을 입은 남자에게 토악질을 하게 되고, 그는 자신의 손수건을 그 여자에게 남기고 갑판으로 유유히 사라지는데, 저 문장은 이때 남자의 뒷모습을 보면서 화자가 한 생각이다. 그러면서 '나'는 남자의 뒷모습과 죄송하다며 연신 눈물을 보이는 중년 여자를 보며, 제주 4·3 사건으로 남편으로 잃고 8년 후 폐병으로 죽은 아들을 생빈눌로 보낸 세화리의 집주인을 떠올린다.

요즘 은퇴한 축구 선수나 야구 선수가 운영하는 유튜브 채널을 종종 볼 때가 있다. 물론 다 지난 이야기들이지만, 그 채널을 보다 보면, 화려한 앞모습에만 집중해서 미처 보지 못했던 그들의 뒷모습을 어렴풋이 알게 되기도 한다. 슬라보예 지젝은 『자본주의에 희망은 있는가』에서 "사람들은 '상황이 나빠서'가 아니라 기대가 어긋나기 때문에 반발한다."(37쪽)고 지적했다. 이를 반대로 말하면, 아무리 상황이 나빠도 최소한의 기대만 충족되면 사람들은 반발하지 않지만, 아무리 상황이 좋더라도 내 기대와 어긋나면 사람들은 반발할 수 있다는 말과 같다. 은퇴한 운동 선수들은 하나같이 주전 경쟁 때문에 힘들었다고 말했다. 뒤에서 아무리 열심히 연습을 하고, 시간을 더 만들어서 추가 운동도 하고, 야간에도 훈련을 자청해서 했었다고. 그런데도 실제 경기에서는 몇 게임 나가지 못하고 벤치에 앉아만 있어야 할 때가 있었는데, 그때가 가장 괴로웠다고 말이다. 처음에는 기대가 어긋나서 분노가 치밀기도 했지만, 나중에는 일말의 기대조차 사라지면서 화조차 안 났었다고 말했다. 물론 감독이 바뀌고 다른 팀으로 이적하게 되면, 거기서 우연히 다시 기회를 잡아 반등하는 선수들도 있었지만, 그렇지 않았던 선수들이 더 많았을 테니까.

뒷모습이 앞모습보다 더 무서운 이유는 치장으로 얼마든지 가릴 수 있는 앞모습에 비해 뒷모습은 그 무엇으로도 가릴 수 없어 너무나 적나라하기 때문이다. 소설에서 갑판으로 사라지는 남자를 보면서 '나'는 토한 여자를 피해 어두운 복도를 벗어나고 싶어 하는 남자의 '조급함'과 보폭이 넓은 걸음걸이에서 느껴지는 '쓸쓸함'을 보게 된다. 이는 '설레'는 표정으로 흰 양복을 입고 있던 앞모습에서는 미처 읽을 수 없었던 모습이었다. 그러니까 그가 앞모습을 '설렘'으로 가렸는지는 몰라도, 배가 항구에 도착하기 전에 보인 뒷모습의 쓸쓸함과 조급함은 결코 가리지 못했다는 것을 의미한다. 그러므로 누구나 보기 좋은 겉모습을 하고 있더라도, 그 조급할 수 있고 쓸쓸할 수 있는 뒷모습을 보기 전까지는 섣불리 최종 판단을 하지 말아야 한다. 김연수는 『일곱 해의 마지막』에서 "어쩔 수 없이 대답하지 못한다고 해도 그것 역시 하나의 선택이었다."(38쪽)라고 말했다. 김연수식으로 표현하자면, 뒷모습을 보기 전까지는 최종 판단을 하지 않는 판단을 선택해야 한다는 말이 될 것이다.

중학교 때 나는 장난기가 많은 편이었다. 수업 중에도 실없는 말을 많이 했고, 친구들과 장난도 많이 치는 편이었다. 축구나 농구를 워낙 좋아하다 보니까 친구들과 운동도 많이 했고, 여기저기 놀러다닌다고 매우 바빴던 기억이 난다. 그러다 보니까 나의 앞모습은 그 어떤 걱정과 근심도 없는 해피보이(Happy boy) 그 자체였다. 지금 생각해봐도 거의 '극E' 성향이었던 것 같다. 그러다가 중학교 때 가장 친했던 친구한테 ─ 물론 지금은 연락도 하지 않지만 ─ 편지를 하나 받게 된다. 그 편지의 내용은 잘 기억이 나지 않지만, 거기에는 김용궁 시인의 「해피보이의 슬픔」이라는 시가 적혀 있다는 사실만은 분명하게 기억하고 있다. 그 당시 나는 '슬픔'과는 거리가 먼 행적을 나타냈는데, 아마 그 친구 눈에는 내 뒷모습 어딘가에서 '슬픔'을 본 것 같았다. 그러면서 내 친구 정호를 그 어떤 걱정과 근심도 없는 사람 취급하는 게 자신은 불쾌하다며 비분강개하는 내용이 편지 여기저기에 적혀 있었던 게 생각난다. 그 당시 중학생이었던 그 친구도 저렇게 판단할 수 있었다면, 어엿한 아저씨가 된 내가 저렇게 생각하지 못할 하등의 이유가 없겠구나, 생각하게 됐다. 이제라도 앞만 보지 말고, 뒤 좀 봐라. 뒤!

4
출가

일 년에 하루만 볼 수 있는 게 아니라면,
그만큼 아름답게 느껴질 수 있을까.

「붉은 꽃 속에서」, 『내 여자의 열매』, 261쪽

　선아는 큰오빠, 작은오빠와 달리 세 살 터울의 동생 윤이와 주로 시간을 보낸다. 그런데 윤이가 네 살이던 해, 공사장에서 녹슨 못을 밟아 파상풍에 걸려 죽고 만다. 선아는 윤이의 죽음에도 울지도 않고 "내 동생이 어디로 갔어요?"(254쪽)라고 물을 뿐이다. 엄마를 따라 윤이와 함께 가던 초파일 행사에 혼자 가게 된 선아는 '붉은 연등'을 보면서 일 년에 한 번만 볼 수 있기에 저 연등이 아름답다고 생각한다. 선아는 첫 생리가 터진 날 수학 선생님에게 심한 폭행을 당하고 코피를 흘리며 생리를 하는 채로 집으로 돌아와버린다. 집에서 그녀는 생리대를 갈자마자 근처 절로 올라간다. 그리고 그날로 집에 돌아와, 잘 그리는 그림도, 고등학교 진학도 모두 포기하고 어머니한테 출가(出家)하겠다고 선언한다. 그녀는 노스님의 다비식을 치르고 상행자가 속세로 돌아가는 상황에서도 훌륭하게 첫 동안거를 마친다. 그리고 맞이한 초파일, 어머니, 큰오빠, 그리고 큰오빠의 임신한 예비 신부와 만나 인사한다. 네 번째 동안거를 마치고 선아는 두 달 간의 만행을 다녀오는데, 그때 산문에서 붉은빛 목련을 떠올린다.

나는 선아가 그렇게 아끼던 동생이 죽었는데도 울지 않고 동생이 어디로 갔는지를 어른들에게 물을 때, 교사에게 심한 폭행을 당해서 몸과 마음이 만신창이가 되었는데 먼저 절부터 올라갔을 때, 그러니까 초파일에 걸린 붉은 연등을 보면서 연신 '아름답다'고 고백했을 때, 그때 언젠가부터 그녀가 출가하리라는 걸 조금씩 예상하고 있었다. 개인적으로 나는 동생도 없지만, 만약 동생이 저렇게 죽었다면 나는 대성통곡을 하며 원없이 울었을 것이고, 교사에게 저 정도로 폭행을 당했다면 일단 부모님이나 경찰서부터 찾았을 것이며, 초파일에 걸리는 흔한 연등을 보면서는 "뭐 예쁘네." 이 정도로만 말하지 혼이 빼앗길 정도로 아름답다고 말하지는 못했을 테니까. 이런 나는 죽었다가 깨어나도 출가를 할 수 없을 것이다. 그래서 선아가 학교에 가기 전에 절부터 찾아 초파일 다음 날 죽은 동생의 흰 연가등을 보러 갔을 때, 이미 해체되어 바닥에 수북이 쌓여 있는 연등을 보는 장면이 또 그렇게 슬펐다. 죽은 동생이 극락으로 갔는지, 어디로 갔는지 모르는 상태에서 연가

등을 보려면 다시 일 년을 기다려야 하니까. 가만, 그래서 선아는 아예 절로 들어가버린 걸까?

갑자기 소설 속 출가 이야기를 우리한테 왜 하는가 싶겠지만, 다 나름의 이유가 있다. 우리는 어떤 인생을 살든지 간에, 살면서 출가라고 할 수 있는 무엇인가를 하게 된다는 점에서 그렇다. 서부 영화 〈더 홈즈맨〉을 보면, 메리라는 아주 씩씩한 여자가 나오는데, 메리는 강직하고 교양 있으며 무엇보다 용감하지만, 그렇기 때문에 역설적이게도 결혼을 하지 못한다. 그 당시 사회적 맥락에서는 여자가 교양이 있고 용감한 것이 고분고분하고 집안일을 잘하는 여성을 선호하던 남성들에게 흠으로 작용했기 때문이다. 그런데 남자들도 꺼려 하는 정신이상자 여성 세 명을 미국 동부로 이송하는 일을 메리가 기꺼이 수용하면서 영화는 새로운 국면으로 흘러간다. 출가가 지금껏 가본 적 없는, 속세와 단절된 새로운 길이라는 점에서 메리의 결정은 사생결단의 자세로 임하는 출가에 가깝기 때문이다. 그녀는 그 여자들을 이송하면서 높은 신앙심에 기초해서 인간의 존엄성을 지키는 방향으로 의사결정을 차곡차곡 진행해 나가다 메리는 윤리적인 결정들을 여러 어려운 속에서도 굴하지 않고 아름답게 꾸역꾸역 지켜가지만, 그 결과 죽기 일보 직전까지 가게 된다. 결국 그녀는 동부까지 가지 못한다.

얼마 전, 비통하게도 비행기 사고가 있었다. 179명의 안타까운 죽음이 있었는데, 그 와중에 난데없이 유가족 대표 사칭 논란이 불거졌었다. 유가족 대표라는 사람이 사실은 유가족이 아니고 정치적 목적으로 대표를 사칭한다는 말이었다. 그 후 유가족 대표의 딸이 증거 자료를 제시하고, 아빠와 통화한 내용을 일부 언론에 공개하면서 그 논란은 사그라들었다. 그 통화에서 유가족 대표는 "저, 머리 깎고 싶어요."(268쪽)라고 덤덤하게 말하는 소설 속 선아처럼, 담담하게 이 일을 맡아서 책임지고 끝까지 완수해야 한다고 말하고 있었다. 누구도 그에게 그 일을 시키지 않았지만, 그는 '형제애'와 같은 스스로가 아름답다고 생각하는 보편적 가치에 입각해서 그 결정을 외려 더 단단히 했고, 왜곡되고 조작된 논란에도 흔들림 없이 그 길을 걸어나갔다. 오히려 울부짖는 딸에게 울지 말라고 단호하게 말하는 모습에서 나는 다시 '출가'를 떠올렸다. 그리고 외롭고, 고독한 길이라 회피했던 내 인생의 여러 순간들이 떠올랐다. 숨는다고 숨을 데도 없는데, 나는 그렇게 어디에 숨고 싶었던 걸까? 지금이라면, 나도 '출가'할 준비가 됐다. 언제든지 내가 믿는 가치에 따라 덤덤하게 선택하고 투쟁할 준비가.

5

만남

네가 고기를 안 먹으면, 세상 사람들이 널 죄다 잡아먹는 거다.

「채식주의자」, 『채식주의자』, 61쪽

영혜는 평범한 여자다. 남편은 그런 점 때문에 영혜와 결혼했다. 평소 탈브라를 하는 모습을 제외하면, 아침마다 잊지 않고 생선 한 토막과 함께 아침상을 차리던 평범한 외모, 평범한 성격, 수더분한 모습의 아내를. 그런데 어느 날 '꿈'을 꾼 후로 아내는 특이해진다. 냉장고에 있는 모든 육류를 버리고, 심지어 달걀과 우유까지도 버린다. 그리고 그날부터 남편과의 육체적 관계를 일체 거부하는데, 영혜는 꿈을 꾸는 게 두려워 잠도 제대로 못 자, 갈수록 야위어간다. 사장, 상무, 전무, 부장 내외가 모두 모이는 부부 동반 모임에서 탈브라로 등장한 아내가 고기가 들어간 음식 전부를 일절 먹지 않자, 남편은 참다못해 장인과 장모, 그리고 처형 내외에게 영혜의 채식 사실을 알린다. 그리고 장모의 생일에 탈브라로 등장해 평소 그렇게나 좋아했다는 굴무침조차 입에 대지 않자, 장인은 처남과 남편을 시켜 영혜의 팔을 잡고 억지로 탕수육 하나를 입에 욱여넣는다. 그길로 부엌으로 가 과도로 자해를 한 영혜는 병원 응급실로 실려 가는데, 거기서도 장모가 가져온 흑염소즙을 억지로 한입 하고는 화장실에 꾸역꾸역 가서 모두 게워낸다. 다음 날 아침, 사라진 영혜는 병원 앞 분수대 옆 벤치에 뜯긴 동박새 하나를 오른손에 쥐고 토플리스(topless) 상태로 자신의 왼팔 봉합 부위를 핥고 있었다. 남편은 저 여자, 영혜와 나는 무관하다, 속으로 외칠 뿐이다.

언젠가 딸아이랑 수학 공부를 할 때였다. 그게 아마 도형 문제였는데, 사다리꼴 속에 색칠한 삼각형의 넓이를 구하는 문제였던 것 같다. 딸아이는 사다리꼴의 넓이를 구하는 공식을 적용해서 20분 동안 꾸역꾸역 풀어나갔다. 맞았냐고? 아니 틀렸는데, 사다리꼴의 넓이를 구하는 공식을 접목하면 어쩔 수 없이 어떤 수가 두 개가 되고, 어떤 수가 두 개면 식도 두 개가 필요해서 그런 방식으로는 풀 수가 없다고, 그러니 정삼각형 세 개가 겹쳐진 사다리꼴의 특징을 고려해서 넓이를 구해보라는 나의 충고에도, 딸아이는 끝까지 자신의 방식을 포기하지 않았다. 얼굴은 완전 초췌해지고 시간은 30분이 더 흘렀는데, 그래서 다시 맞았냐고? 아니 또 틀렸다. 다시 참지 못하고 참견하려는 찰나, 옆에서 아이가 하는 방식대로 끝까지 해보게 하는 게 오히려 더 중요하다고, 중간에 개입에서 일방적으로 이렇게 풀라고 말하지 말라는 아내의 귀띔에 내 행동을 돌아보게 되었다. 마치 소설 속 영혜가 분수 앞 벤치에서 남편에게 했다는 그 말, "……그러면 안 돼?"(64쪽)를 딸아이가 외려 나한테 말하는 것 같았다. "……아빠, 이렇게 한번 풀어보면 안 돼?" 그래도 돼. 미안.

슬라보예 지젝은 『폭력이란 무엇인가』에서 타자의 욕망에 대해 설명하면서, 타자의 욕망이 내 욕망이 되도록 강압적으로 욕망 투입이 발생할 때가 있는데 바로 이게 또 다른 이름의 '폭력'이라고 정리했다. 본의 아니게, 나는 딸아이에게 아빠가 푸는 방식으로 수학 문제를 풀도록 강압적으로 설명하고 있었던 건 아닌지 모르겠다. 소설에서도 영혜가 육식을 하게 하기 위해서 전 가족은 일사불란하게 강압적으로 동원된다. 무슨 조직적으로 편성된 군부대인 줄 알았다. 남편은 의도적으로 장모 생일에 모인 가족이 육식과 관련해서 영혜를 질책하도록 유도한다. 그날 의도적으로 육식 중심의 메뉴를 선정한 언니는 다른 가족들과 같이 육식을 해야 건강해진다, 고른 영양분이 필요하다, 육식을 하지 않으면 힘을 낼 수 없다 등의 논리를 동원해서 억지로 육식을 강요한다. 이는 모두 영혜 입장에서 가족이라는 이름하에 자행된 또 다른 욕망의 강압적 폭력이 아니었을까? 영혜는 최소한 다이어트를 하기 위해서, 혹은 더 건강해지기 위해서 채식을 선택한 게 아니었으니까. 그런 게 아니었으니까.

제레미 리프킨은 『육식의 종말』에서 "날고기의 힘, 남성 지배,

특권과 동일시하는 것"(293쪽)을 지적하며 이는 현대에도 동일하게 목격되는 지배적 이데올로기로 정리한다. 월남전에 참전해서 베트콩 일곱을 죽였다는 장인이 육식의 힘을 강조하면서 억지로 탕수육 하나를 영혜 입에 욱여넣는 건, 그런 의미에서 읽는 내내 견디기 어려웠다. 슬라보예 지젝이 『폭력이란 무엇인가』에서 말했던 것처럼 이 행위는 "생명정치"(74쪽)에 지나지 않았으니까. 이 사건 이후 영혜가 과도로 손목을 그은 건, 생명의 위협을 느끼고 취한 자기 보호적 행동은 아니었을까? 예전에 고등학교 3학년 때 수학 과외 선생님이 생각난다. 그 선생님은 항상 그 어떤 준비도 하지 않고 과외를 하러 왔었다. 너무한 거 아니냐고? 맞다, 나도 처음에는 그 무방비적 태도가 준비 부족이라 생각해서, 이걸 엄마한테 말해? 말아? 마음에 굉장히 걸렸었는데, 어떤 식으로 풀든 내가 푸는 방식을 들어주고 그 방식에서부터 함께 고민하며 더 좋은 방식을 알게 만드는 수업 방식에 결국 반해버렸다. 성적? 수능 수학에서 나는 딱 한 문제만 틀렸다. 김애란은 「안녕이라 그랬어」에서 우리가 "그렇게 틀린 방식으로 맞을 수밖에 없는 순간이 있"(45쪽)다고 말한다. 틀린 게 중요한 게 아니라, 그 순간의 그 틀린 만남이 중요한 거라고. 설령 저게 틀렸더라도, 순전히 내 입장에서의 정답만을 일방적으로 강요하지 않기를, 정말 그랬으면 좋겠네.

6
꽃

이렇게 하고 있으니까 꿈을 꾸지 않아요.
나중에 지워지더라도 다시 그려주면 좋겠어요.

「몽고반점」, 『채식주의자』, 118쪽

    영혜는 자해를 해서 실려 간 병원에서 토플리스 차림 때문에 정신병동에 입원하게 되고 결국 남편과는 이혼한다. 2년 전, 정신병동에서 나와 공식적으로 이혼 처리가 되기 전에, 영혜는 언니 집에서 한 달을 살고, D대 근처 다세대주택에 자취하러 떠난다. 형부는 영혜가 자해한 사건 직후 2년 동안 작품 활동을 멈추고 그 사건으로 얻게 된 이미지를 반추하며 스케치만 하는데, 아내한테 영혜의 엉덩이에 아직도 남아 있다는 '몽고반점' 이야기를 듣고 자신이 스케치한 이미지를 실현시킬 모델로 영혜를 낙점한다. 영혜의 자취방을 찾은 형부가 같이 작업을 하자는 제안에 영혜는 관심 없어 하다가 바디페인팅으로 몸에 '꽃'을 그린다는 말에 승낙한다. 그는 점차 확인하지 못한 영혜의 몽고반점을 떠올리며 추체험(追體驗)을 통해 자신이 스케치한 이미지를 영혜와 집중적으로 연결시킨다. 그리고 영혜의 등을 빨간 꽃으로, 영혜의 가슴을 노란 꽃으로 바디페인팅하고 캠코더로 작업해 4분 55초짜리 〈몽고반점 1: 밤의 꽃과 낮의 꽃〉을 완성한다. 생각보다 작업이 순조롭게 진행되자, 조금 더 욕심을 내 추가로 남성 한 명이 더 필요한 〈몽고반점 2〉를 작업하고 싶어진다. 이를 위해 그는 영혜와 후배 J를 부르는데, 후배 J가 노골적인 포즈를 참지 못하고 작업을 포기하는 바람에 본인이 직접 예전 연인이자 아티스트인 P에게 부탁해 바디페인팅을 하고 그 작업에 참여하게 된다.

예전에 인천대학교에서 처음으로 교수가 됐을 때, 꽤 많은 화분을 선물로 받았었다. 이전에 화분을 관리해본 적이 없던 나는 화분을 선물로 받은 상황 자체가 매우 낯설었는데, 강아지나 고양이를 키우는 것보다 쉬울 거라는 자체적 판단하에 연구실에 두고 일단 길러보기로 결심했었다. 그런데 1년 후 동국대학교로 직장을 옮길 때, 살아남은 화분은 부끄럽지만 한 개뿐이었고 나머지는 모두 죽어서 버릴 수밖에 없었다. 어째 식물 하나를 보란 듯이 키우지 못했냐고? 생각보다 식물을 키우는 게 어려웠다는 말밖에 할 말이 없다. 동국대학교로 가지고 온 화분도 생명이 위태로웠는데, 결국 장모님께 자문을 구할 겸 해서 집으로 가져왔었다. 그런데 또 얼마 못 가 그 하나 남은 식물도 죽어버렸다. 물만 잘 주고 햇빛만 잘 쬐면 죽지 않고 잘 키울 수 있을 거라고 생각했는데, 장모님께서는 너무 물을 자주 주고, 너무 햇볕을 자주 쬈으며, 무엇보다 흙갈이도 한 적이 없어 죽은 것 같다고 말씀해주셨다. 대체 누가 식물은 동물보다 키우기 쉽다고 한 거야? 응?

소설에서 영혜가 형부와 비디오아트 작업을 한 후에도 몸에 그린 꽃을 지우지 않았다고 말하는 부분에서, '채식주의자'라는 제목을 다시 이해하게 되었다. 그러니까 동물은 먹지 않고 식물만 먹는 사람이라는 뜻을 넘어서 자신 그 자체가 식물인 사람, 그래서 육식을 할 수 없는 사람으로 이해하게 된 것이다. 영혜는 자신의 몸에 꽃으로 바디페인팅이 된 순간부터 그 '악몽'을 꾸지 않았다고 말했다. 그 꿈은 보통 피투성이가 된 것들, 칼로 난자된 고깃덩어리들이 등장하는 것으로 영혜가 육식을 거부하게 된 원인이었다. 「채식주의자」를 보면, 영혜가 남편과 이혼하기 전에 채식을 하게 되면서 남편도 덩달아 채식을 하게 되는데, 영혜는 여전히 남편의 몸에서 고기 냄새가 난다며 육체적 관계 전부를 끊어버렸다. 바꿔 말하면, 이는 갑자기 채식을 하더라도, 남편처럼 자신의 몸에서도 고기 냄새가 난다는 걸 의미하고—실제로 영혜는 채식을 하기 전에는 육식을 매우 좋아했었다.—자신이 꽃이 되면서 그 냄새로부터 해방되었다는 뜻이 아니었을까 싶다. 자신과 같이 꽃이 그려진 형부와의 육체적 관계는 또 그렇게 꽃과 꽃의 만남처럼 이해되었고.

갑자기 무슨 꽃 이야기냐고? 꽃 이야기라기보다 당신이 되고 싶었던 게 무엇인지를 물어보는 이야기라는 말이 맞을 것이다. 소설을 읽다 보면, 대부분 영혜가 미쳤다라고 생각하게 되지만, 영혜와 작업을 한 형부는 알고 있었다. "아니 실제로 정상적인 여자야. 그는 생각했다. 미친 건 내 쪽이지."(111쪽) 형부가 결혼하고 나서도 언니에게 마음을 주지 못했던 건 언니의 깊은 인내와 빠른 체념, 그리고 거기서부터 비롯되는 예절과 매너 덕분이었다. 매너와 예절이 뭐가 문제냐고? 이게 역설적이지만, 이런 덕목이 사회에서는 긍정적일지 몰라도, 개인적으로는 무언가에 대한 희생과 감춤으로 얻어진 '미친 것'들이기 때문이다. 앞서 개인적인 실패 경험을 언급했지만, 식물 말이다, 이거 생각보다 키우기가 쉽지 않다. 연약해 보이고, 금방이라도 동물한테 짓밟히고 짓이겨질 것처럼 보여도 막상 쉬운 상대가 아니라는 말이다. 고로 꽃이 되고 싶은 영혜처럼, 당신도 뭐가 되고 싶다면, 매너 있는 척, 사회생활로 치부해 그냥 단념하고 넘기지 말고, 당당하게 그게 한번 되어 보라고. 그렇게 하는 게 미친 게 아니라 그렇게 안 하는 게 오히려 미친 거라고 말해주고 싶네. 똑똑히, 기억해. 당신은 미친 게 정상으로 인정되는 사회에서 살고 있는 거야!

7

물구나무

문득 이 세상을 살아본 적이 없다는 느낌이 드는 것에
그녀는 놀랐다.

「나무 불꽃」, 『채식주의자』, 197쪽

영혜는 형부와의 사건 이후, 서울의 폐쇄병동에 입원했다가 축성 정신병원으로 옮겨진다. 언니가 그 병원에 방문했을 때, 영혜는 물구나무를 선 채로 언니를 맞이한다. 별관 3층에서 근처 숲과 병원 근처 나무를 즐겨 보던 영혜는 나무는 거꾸로 땅을 지탱하고 서 있는 거라고, 자신은 이제 새 꿈을 꾸는데, 물구나무를 서자 자신의 몸에서 꽃도 자라고 뿌리도 내려 완연한 나무가 되었다고 말한다. 물론 이 말을 언니는 전혀 이해하지 못한다. 그 후 병원에서 사라졌다가 근처 숲에서 발견된 영혜는 채식도 거부하고, 이때부터 물만 마시기 시작하더니, 돌연 모든 섭식(攝食)과 약물 치료까지 거부하기 시작한다. 언니는 그런 영혜를 보면서,

어릴 때부터 고지식했던 영혜가 아버지의 폭력에 무방비로 노출되었음을, 그 모습을 보고 자신은 비겁하지만 사려 깊은 인내로 영혜의 보호자 역할을 자처해왔음을, 아티스트였던 남편과도 아들이 생기지 않았다면 — 서로 사랑하지 않았기에 — 결혼하지 않았을 것이었음을 새삼 깨닫는다. 남편이 영혜와 사건에 휘말렸던 때, 그녀는 심한 하혈로 산부인과에서 자궁에 생긴 폴립을 제거하게 되는데, 그 사건 이후로 자신이 한 번도 원없이 살아본 적이 없다는 사실을 깨닫고, 아이 장난감에서 빼낸 끈으로 자살을 하려고 한다.

슬라보예 지젝의 『신을 불쾌하게 만드는 생각들』을 보면 니체가 말한 '최후의 인간'에 대한 언급이 있다. "최후의 인간은 위험을 감수하지 않은 채 오직 안전과 편안만을 추구한다."(16쪽) 그런데 여기에서 한 발 더 나가야 하는 이유는, 자신이 오롯이 최후의 인간이었음을 뒤늦게 자각하게 되는 순간, 인생을 제대로 살아본 적이 없다는 회한(悔恨)에 자살을 결심할 수도 있다는 말이다. 누구처럼? 소설에서 영혜의 언니처럼 말이다. 예전에 평생교육원에서 강의를 할 때, 나이가 지긋이 드신 어머니가 내 강의를 들은 적이 있었다. 첫 강의에서 자신을 소개하라는 나의 요청에 갑자기 그분이 신세 한탄만 10여 분간 주구장창 해서 굉장히 난처했던 기억이 난다. 그분의 마지막 말은 더 이상 이렇게 살지 않아야겠다는 생각이 들었고, 딸들이 자신을 응원하고 있다는 고백으로 마무리되었다. 나는 그 10여 분간의 절망적 코멘트에서 소설 속 최후의 인간, 영혜의 언니가 느꼈을 절망과 좌절을 봤었다. 그분은 '자살'이라는 단어만 포함시키지 않았을 뿐, 그 10여 분간의 연설에서 그 단어 이상을 충분히 상상할 수 있도록 만들어주었으니까.

나는 언니가 섭식을 중단하는 영혜에게 정말 죽고 싶은 거냐고 물을 때, 언니가 "자신이 오래전부터 죽어 있었다는 것"(201쪽)을 이미 알고 있었다는 점에서 스스로에게 묻는 것으로 이해되었다. 또 그랬기 때문에 스스로 식물이 되기를 원하며 섭식을 거부하고, 오히려 죽으면 왜 안 되냐는 영혜의 '반문'은 아빠의 폭력을 피해 철저하게 비겁하게만 살았고, 남편의 요구에 일방적으로 인내하며 살아왔으며, 자신이 원하는 대로 살지 못해 스스로 죽으려고 결심했던 언니를 부끄럽게 만들었을 것이다. 한강의 『내 여자의 열매』에 보면, 「아기 부처」에 "눈물로 세상을 버티려고 하지 마라."(119쪽)라는 문장이 나온다. 나는 언니가 자신의 욕망과 요구를 철저하게 배제하고 희생 뒤에 숨어서 거기서 발생하는 절망과 슬픔을 온전히 눈물로만 버텨왔다고 생각했다. 그러고 보면, 나는 절망과 슬픔으로 평생을 살아온 분들의 한탄을 들을 준비가 아직 되어 있지 않은 것 같다. 그런 상황에서 적절한 위로를 던질 줄 몰랐던 나는—아내는 참 이런 걸 잘하는데—그때 그 평생교육원 강의에서도 그저 어쩔 줄 몰라 했을 뿐이었으니.

나이가 들어갈수록 친구를 사귀기가 어렵다는 생각을 해본 적이 있다. 지나치게 사회화와 매너에 종속된 나머지 진짜 나를 보여줄 수 없고, 결국 그렇게 되면, 친구라는 관계는 원칙적으로 성립이 불가능해지기 때문에 그렇다. 영혜가 나무들을 보며 "세상의 나무들은 모두 형제 같아."(175쪽)라고 말할 때, 저 말이 너무 순수해서 놀랐다. 어찌 보면, 가족과 친구까지 다 내팽개치고 돈벌이에만 천착하는 우리는 저 나무보다도 못한 존재들이 아닐까? 갑자기 이런 생각이 들었기 때문이다. 작년 이맘때, 그러니까 『이유 없는 다정함 : 김연수의 문장들』을 쓰고 있을 때 말이다. 아는 분이 논문 쓸 시간도 부족한데, 그런 책은 뭐 하러 쓰냐고 힐난조로 핀잔을 준 적이 있었다. 그분이 볼 때 내가 하는 작업이란, 물구나무를 선 채로 섭식을 거부하며 사리분별 못 하는 아이의 순수한 모습 그 자체였을지도 모르겠다. 그때 내가 그분께 했던 말은 굉장히 단호했는데, 그냥 반드시 써야만 했다고, 왜 쓰면 안 되냐고, 그저 저 말밖에 할 말이 없었다. 지금『봄에는 기쁘다 : 한강의 문장들』을 쓰고 있는데, 그분이 또 내 꼴을 본다면, 지금은 또 왜 쓰는 거냐고 물을지도 모르겠다. 그럼 난 그냥, 반드시 써야만 한다고, 왜 쓰면 안 되냐고, 다시 이렇게 말할 수 있을 뿐이겠지? 그깟 물구나무도 하나 설 줄 모르면서 말이야. 쳇.

8

어른

점퍼 주머니에서 부스럭부스럭 카스텔라와 요구르트를 꺼낸다.

「어린 새」, 『소년이 온다』, 26쪽

　동호 집, 두 평 남짓 사랑방에서 친구 정대와 정대 누나는 자취를 한다. 일요일, 방직 공장에서 일하며 야학을 다니던 정대 누나가 집에 들어오지 않자, 동호와 정대는 누나를 찾아 나선다. 그러던 중 역전 광장에서 옆구리에 총을 맞은 정대, 총에 맞아 쓰러진 다른 사람들을 구하러 사람들이 다가가면 옥상에 있던 저격수가 총을 쏜다. 그 모습을 보면서, 동호는 총을 맞은 정대에게 선뜻 용감하게 다가가지 못하고, 그렇게 정대가 군인들에게 끌려가는 모습을 지켜만 본다. 집에 돌아온 동호는 불 꺼진 사랑방을 보면서, 아버지의 호령에도 물 채운 양은 대야에 얼굴을 처박는데, 그 물속에서 흐르는 눈물을 감춘다. 그 후 정대를 찾아 나선 동호는 전대병원과 적십자병원 응급실에 정대가 없는 걸 확인하고 도청 상무관에 방문한다. 거기서 죽은 시체를 수습하는 은숙 누나, 선주 누나, 진수 형을 만난다. 그렇게 한 팀이 되어 총에 맞고 칼에 맞아 죽은 시커먼 시체를 장부에 기록하는 동호. 작전상 후퇴한 군인들이 들이닥칠 수도 있다는 흉흉한 소문에, 추도식에 사람들이 나오지 않지만, 비가 내리는 와중에도 비를 맞으며 은숙 누나, 선주 누나는 추도식 자리를 지킨다. 동호는 저녁 6시에 군이 상무대를 몰아칠 거라는 말에도, 집에 와 저녁을 먹으라는 엄마의 당부에도, 스스로를 용서할 수 없다는 말을 되뇌며 상무대에 남는다.

언제였더라? 2021년 7월이었다. 연세대학교 세브란스병원에서 성대 수술을 받았던 게. 인천대학교에서 동국대학교로 직장을 옮긴 후부터 목소리가 쉬기 시작하더니, 그냥 가만히 숨만 쉬어도 목에 통증이 극심했다. 병원에 갔을 때, 왼쪽 성대에는 폴립이 있었고, 오른쪽 성대에는 그 폴립이 부딪혀 발생한 출혈이 있는 상태였다. 그 결과 아무리 성대를 꽉 닫아도 내 성문에는 반드시 빈틈이 존재했고, 그 틈은 피비린내를 내며 쉰 소리만 연신 만들어댔다. 증상이 너무 심할 때는 말을 한마디도 할 수가 없어, 6월 종강을 앞두고, 어쩔 수 없이 대신 말해준다는 애플리케이션을 사용했었다. 그런데 순간순간 내 머리에 떠오르는 말을 그 즉시 학생들에게 말할 수 없다는 점, 일상 관계에서 가족에게조차 말을 할 수 없다는 점은 나를 너무나 답답하게 만들었다. 나의 일상은 그렇게 죽은 셈이었달까? 소설에도 죽은 일상이 등장한다.

교복을 입고 시신의 피를 닦는 고등학생 은숙 누나, 굳은 시신의 몸을 펴는 전직 미싱사 선주 누나, 총을 메고 시신을 다루는 대학생 진수 형과 이곳저곳을 종횡무진 움직이며 시신 장부를 책임지는 동호까지. 이들의 일상은 새로운 국면 속에서 그렇게 죽어가고 있었다.

백가흠의 『귀뚜라미가 온다』를 보면, 한 남자가 등장하는데, 이 남자는 치매에 걸린 노모와 자던 어린 딸을 목 졸라 죽인다. 가난 때문에 몸을 판 아내도 목 졸라 죽이고, 맹인 안마사를 따라가 겁탈하고 나서 그 집에서 목을 매달고 자살한다. 그런데 자신의 아내가 몸을 팔아서 저축한 돈 전부를 자신이 겁탈한 맹인 안마사에게 건네고 죽는다. 어찌할 수 없었던 가난 속에서 사랑하는 이 모두를 죽인 남자의 미안함이 아내가 몸을 팔아 벌었던 돈을 안마사에 주게 만든 게 아니었을까? 나는 동호도 저런 마음으로 상무대에 남았을 거라고 생각했다. 그러니까 동호가 상무대에서 하는 일들은 마치 고역을 감내하는 일종의 '속죄' 행위처럼 보였기 때문이다. 노인이 와서 아들과 손녀의 시신을 찾을 때, 시신에 덮인 무명천을 하나하나 내리면서 동호는 "아무것도 용서하지 않을 거다. 나 자신까지도."(45쪽)라고 말한다. 동호는 총에 맞은 정대를 수습하지 못했던 자신을 용서하지 않았기에 악취가 진동하는 상무대에 남아 시신을 수습하고, 장부를 적어나갔으리라.

그런데, 동호가 상무대에 남았던 이유는 친구 정대를 버리고 왔다는 죄책감 때문만은 아니었을 것이다. 동호 엄마와 아빠는 시장 가죽 가게에서 가죽을 유통하는데, 동호가 집에 가면 노동에 지친 부모님은 방에서 쉬고 있고, 삼수생인 작은형은 영어 단어만 외우고 있다. 동호가 그토록 정대를 찾아다닌 건, 절친 정대가 가족보다 일상에서 더 많은 시간을 함께 보낸 실질적 가족이기 때문일 것이다. 동호는 상무대에서 여러 형, 누나들을 만난다. 비가 내리는 와중에도 합동 추도식에 참석해 끝까지 버텼던 은숙 누나는, 홀로 상무대를 지키는 동호에게 주려고 카스텔라와 요르르트를 챙겨서 가져온다. 츤데레(ツンデレ) 느낌의 선주 누나는 무심히 김밥 한 줄을 가져와 동호와 나눠 먹고 진수 형은 동호가 상무대를 지키기 위해 요청한 것들을 꼼꼼히 챙겨서 살뜰히 가져다준다. 중학교 3학년인데 꼭 1학년같이 작았다는 동호는 누나, 형들을 버팀목 삼아 정대를 생각하며, 또 자신을 용서하지 않으며 그렇게 상무대를 지켜 나간 것이다. 생각해보면, 살면서 나도 혼자 자책하는 사람들을 그냥 둔 적이 참 많았다. 왜 그랬을까 싶다가도 다시 생각해보면, 비겁하지만 나도 살려고 그랬던 게 아닌가 싶다. 같이 살지 그랬어, 정호야. 생각해보면, 충분히 그럴 수 있었는데. 큰형, 큰오빠, 진짜 어른처럼 말이야, 언제든지 카스텔라와 요구르트 하나쯤 줄 수도 있었는데, 그걸 못 했네.

9
위로

온 힘을 기울여 우리가 서로를 생각하고 있다는 것만은
느낄 수 있었어.

「검은 숨」, 『소년이 온다』, 48쪽

정대는 누나를 찾아 나섰다가 역전에서 옆구리에 총을 맞아 죽는다. 2인 1조로 구성된 군인들이 정대의 시신을 트럭에 싣고 가 덤불숲에 던진다. 정대는 밑에서 두 번째에 끼여 눌려 있는데, 정대의 혼은 필사적으로 몸에서 떨어지지 않으려 몸부림친다. 문제는 혼들끼리는 서로 만날 수도, 만질 수도, 이야기를 할 수도 없다는 점이다. 군인들이 떠나고 날이 저물자, 다른 혼들이 정대의 혼 주변으로 모이는데, 어떤 식으로도 서로 알아볼 수 없다. 다만 혼은 어떤 존재의 죽음 유무만 알 수 있는데, 동호는 아직 살아 있지만, 누나는 자신보다 먼저 죽었음을 느낀다. 정대의 혼은 시신으로 쌓인 탑에서 소중한 기억들을 떠올리며 버틴다. 그 기억에는 학교에 가고 싶었던 누나를 위해 칠판지우개를 몰래 챙겼던 기억, 그 칠판지우개를 보고 웃으며 자는 척하는 정대의 얼굴을 누나가 쓰다듬던 기억, 동호랑 같이 등목을 하고 자전거를 타며 천변길을 신나게 달리던 기억, 초파일 엄마를 모신 절에 방문하기 위해 탄 기차에서 누나가 쪄준 햇감자를 맛있게 먹던 기억들이 있다. 그때 갑자기 들이닥친 군인 여섯 명이 탑처럼 쌓인 시신에 석유를 뿌리고 불을 붙이는데, 기댈 수 없는 몸이 사라지자, 정대의 혼은 동호를 향한다. 그때 동시다발적인 총소리가 들리고, 그 순간 정대의 혼은 동호가 죽었음을 느낀다.

'답답하다'를 사전에서 찾아보면, "숨이 막힐 듯이 갑갑하다"라는 뜻이다. 살면서 우리는 너무나 많은 답답함을 경험한다. 그 사건이 왜 나에게 발생해야만 했는지, 그 사람은 대체 나한테 왜 그랬던 건지 알 수 없는 답답함 말이다. 아직도 엄마한테 한소리 듣는 사건이 있는데, 스물다섯 살, 고등학교에서 처음으로 기간제 국어 교사로 막 일하기 시작했을 때 일이다. 그 학교에 나와 같은 기간제 교사로 내가 고등학생 때 다니던 대형 학원 원장님이 수학 선생님으로 오셨었다. 부모님과 나에게 그분은 거의 은사님이었기에, 어쩌다 기간제 교사로 오게 됐는지 감히 묻지 못했다. 뭔가 예의상 그러면 안 될 것 같았다. 그러다가 첫 월급 날, 그분한테 돈을 빌려달라는 갑작스런 연락을 받았다. 께름직했지만, 은사님이었던 그분을 믿고 받은 월급 전부를 고스란히 보내드렸다. 내가 돈을 받기로 한 날부터 그분은 학교에 출근을 안 하셨고 — 당연히 연락도 안 됐고 — 그렇게 내 첫 월급은 부모님께 선물 하나 못 드리고 만져보지도 못한 채 이 세상에서 완전히 사라져버렸다. 은사님이라 생각해 얼마나 존경했는데, 대체 그분은 나한테 왜 그랬을까? 지금 생각해봐도 참 답답할 뿐이다. 아~ 답답하다.

소설을 보면, 정대의 혼은 덤불숲 사이 구덩이 밑에 두 번째로 던져져 썩어가는 와중에 쉴 새 없이 묻는다. "왜 나를 죽였지. 왜 누나를 죽였지. 어떻게 죽였지."(52쪽) 그렇게 생각하는 와중에도 정대의 혼은 생각한다. "목이 터져라고 애국가를 따라 불렀는데."(59쪽) 그저 역전 광장에서 환호하는 사람들과 같이 절친의 손을 잡고 애국가를 불렀을 뿐인데. 별다른 행동 없이 서로 걸으며 행진을 했을 뿐인데, 정대는 저격수의 표적이 되어 옆구리에 총을 맞았으니. 정대같이 개죽음을 당한 사람들은 한둘이 아니라서 그들은 여기저기 잘리고 뚫리고 짓이겨진 채로 2인 1조 군인들에게 들려와 덤불숲에 버려졌고, 그렇게 하나의 탑이 되었다. 읽는 내내, 느껴지던 그 답답함. 그러니까 숨이 막힐 듯한 그 갑갑함은 바로 여기에서 기인한 것들이었다. 대체 누가, 평범하고 선량한 우리를? 그런 정대의 혼 주변을 찾아오는 다른 혼들은 서로 말할 수도, 볼 수 없지만, 그 캄캄한 구덩이에서 서로를 생각한다는 사실만으로 서로가 서로에게 큰 위로가 되어준다.

윤성희의 「낮술」이 생각난다. 남자와 영화를 여섯 번 보는 사이 덜컥 임신을 하게 된 여자, 그 사실을 알고 도망간 남자. 도망간 곳에서 우연히 낮술을 마시는 할아버지, 할머니를 만나는데, 두 분은 잔을 하나만 놓고 막걸리를 마시더라나. 남자가 잔을 하나 사다 드리니, 이게 우리 재미라며 방해하지 말라 농담을 걸고, 남자가 가져온 잔에 막걸리를 따라줬다고. 그러면서 왜 젊은이가 늙은 우리랑 같이 낮술을 마시냐는 질문에 무서워서 도망쳤다고 쭈뼛거리니 할머니가 엉덩이를 한 대 때리더라나? 우리 나이에 진짜 무서워지는 건 '계단'뿐이라는 말에 남자는 뭔가 깨달음을 얻었는지, 그날로 돌아와 여자 앞에 무릎을 꿇었단다. 그러면서 그 할아버지, 할머니처럼 우리도 같이 "계단을 내려가 보자고"(167쪽) 연신 말했단다. 영문을 모른 채로 여자는 그러자고, 그러자고 말했다나? 딸아이가 다섯 살 때 친구 부모로부터 악의적인 곡해를 받아, 고소를 하네, 경찰을 부르네, 살벌한 말들이 오가던 때가 있었다. 너무나 떳떳했던 우리는 어린이집 원장실에서 삼자대면을 하기로 했고, 그날 아침 마치 계단을 같이 내려가듯이 내 옆을 묵묵히 지켜줬던 아내가 생각난다. 아직 삼십 대 초입인 우리에게 어쩌다 이런 일이 생겼지? 아이 키우는 게 이렇게나 힘들어서야. 진짜 답답하고, 짜증나. 이런 생각이 들 찰나, 옆에서 가만히 계단을 내려가주는 이가 있어 견딜 수 있었으니까. 위로? 계단은 같이 걸어보고 나서야 말할 수 있는 것.

10
장례식

네가 죽은 뒤 장례식을 치르지 못해, 내 삶이 장례식이 되었다.

「일곱 개의 뺨」, 『소년이 온다』, 102쪽

　은숙은 군인들이 상무관에 들이닥칠 거라고 모두가 공포에 치를 떨던 날, 상무관을 나와 전대 병원으로 이동한다. 여자는 가두방송을 할 세 명만 필요하다는 말에 고3이었던 그녀는 제외되고, 선주 언니를 포함한 여자 세 명은 카빈 소총을 어깨에 메고 남는다. 그런데 전대 병원으로 가는 길을 배웅해주던 무리에서 은숙은 어깨에 소총을 메고 있는 동호를 본다. 그날 밤 군인들은 상무대를 포함해서 도청을 휩쓸고 가고, 거기에 있던 사람은 전부 죽거나 체포된다. 방수포에 싸여 처리되던 시신을 뒤로한 채 집으로 돌아온 은숙은 다락방에 숨어 위협을 피한다. 그 후, 광주에서 멀리 도망치기 위해 서울에 있는 대학교에 입학하지만, '학살자 전두환을 타도하라'라는 전단지를 뿌리는 대학생들과 이들을 폭력적으로 제지하는 사복 경찰과 다시 마주한다. 이런 상황에서 도저히 대학에 다닐 수 없었던 은숙은 2학년을 마치자마자 자퇴하고, 출판사에 취업한다. 거기서 일하다가 수배자를 비호한다는 의심을 받고 형사한테 뺨을 일곱 대나 맞는데, 그 뺨을 하루 한 대씩 잊어가면서 자신의 비겁함을 곱씹는다. 검열과에서 무지막지한 검열을 당한 서 선생의 희곡집이 마침내 연극 무대에 오르자, 그 희곡집의 교정을 담당했던 은숙은 연극을 관람하면서 침묵 속에서 '대사'를 읊는다. 그리고 거기서 그녀는 그때 그 시절 동호를 다시 본다.

중학교에 입학하고 1학년 1학기 체육 시간이었다. 그날은 앞구르기, 뒤구르기 수행평가를 보는 매우 중요한 날이라, 평가에 앞서 몇 차례 연습할 수 있는 시간이 주어졌다. 줄 서서 순서를 기다리는 중에 친구가 내 손을 피하며 얼굴을 돌렸고 이마가 벽에 스치며 피가 나기 시작했다. 체육 선생님한테 이 사실을 알리고 양호실로 그 친구를 데려가려는 찰나, 갑자기 얼굴에 불이 나기 시작했다. 뺨을 맞기 시작한 건데, 그만 때리겠지 싶었는데도 양쪽 뺨에서는 계속 불이 나고 있었다. 친구의 증언에 따르면 나는 정확히 열일곱 대를 맞았다. 입에서 얼마나 피 비린내가 나던지, 오른쪽, 왼쪽 뺨이 내 의지와 상관없이 얼마나 욱신거리며 빨개지던지, 어지러워서 벽을 잡고 돌아가 다시 줄을 섰고 나를 대신해서 다른 친구가 피를 흘리는 친구를 데리고 양호실로 갔다. 무서워서일까? 나를 데리고 감히 양호실에 가겠다는 친구는 한 명도 없었다. OMG. 그리고 시작된 수행 평가, 나는 그렇게나 잘하던 구르기였는데, 앞구르기도 뒤구르기도 모두 옆으로 넘어지면서 수행평가를 완전 망쳐버렸다. 그런데도 나는 수행평가 A를 받았다. 앞구르기, 뒤구르기를 모두 실패하고도 말이다. 이런 식의 미안함은 사양인데.

열네 살 그 시절, 수업에서 그 선생님을 만나면 나는 항상 움찔했었다. 그 선생님이 옆으로 지나만 가도 내 뺨은 욱신거리거나 찡그러졌다. 어떨 때는 복도 멀리서 그 선생님을 봐도 심장이 빨리 뛰었고, 그 선생님을 피하려 일부러 다른 길로 돌아간 적도 많았다. 나는 그래서 은숙을, 그러니까 그녀의 선택을 이해할 수 있었다. 폭력에 노출된 사람들은 안다. 그게 쉽사리 용기를 낼 수 없게 만든다는 것을. 비겁? 그게 그런 게 아니다. 형사한테 뺨을 일곱 대 맞으면서 단 한 번도 저항하지 않던 그녀의 모습은, 그녀가 그 폭행을 속죄의 방편으로 생각했기에 가능했을 것이다. 은숙은 함께 시신을 수습하던 선주 언니를, 함께 사망자 벽보를 붙이던 진수 오빠를, 그리고 같이 장부를 쓰며 가스델라를 나눠 먹던 농호를, 군이 들이닥친다는 걸 알면서도 거기에 두고 왔으니까 말이다. 총에 맞고, 칼에 베이고, 두개골이 함몰되고, 창자가 모두 쏟아진 시신을 수습하는 모습을 보면서, 차마 자신도 그런 꼴을 당할 수 있는 위험을 감수할 수 없었을 테니까 말이다.

예전에 학원에서 국어 강사로 일할 때, '한(恨)'이 뭐냐고 묻는 학생들이 생각보다 꽤 많았다. 학생들 입장에서는 한의 정서를 이해하기가 어려웠나 보다. 그때마다 나이가 비교적 어린 강사였던 나도 그 정서를 정확히 몰라, 어떻게 설명해야 할지 고민을 많이 했었다. 그래서 학생들에게 뭐라고 말했냐고? 정확히 기억은 안 나지만 〈아리랑〉을 운운하며 그렇게 가슴에 와닿지 않는 설명을 했던 기억만 난다. 만약 저 문장을 그때 알았다면, 저 문장으로 학생들한테 한을 설명했을 것 같다. 한이란, '사랑하는 사람이 죽은 뒤 그 사람의 장례식을 치르지 못해, 장례식이 된 내 삶 같은 거'라고 말이다. 나는 근래에 저 문장보다 비통한 문장을 본 적이 없다. 아무런 잘못 없이도 형사한테 뺨을 일곱 대나 맞으며, 동호야 보고 있지? 늦었지만, 누나도 이렇게 맞고 있어. 뭐 꼭 이렇게 말하는 것 같았다. 이상하게도, 요즘 나는 딸아이가 학교에서 억울한 일이 있어 눈물을 뚝뚝 흘리며 엄마한테 뭔가를 말할 때면, 열일곱 대 뺨을 맞던 그때가 불현듯 생각난다. 뺨을 맞던 그 수분 동안, 그 선생님 앞에서 눈물을 보이기 싫어 손톱이 손바닥으로 파고들 만큼 주먹을 불끈 쥐고 참고 또 참았던 그때가 말이다. 그러고 보면, 나도 아직 그 마음의 장례를 마치지 못했나 보네.

11
양심

자신이 완전하게 깨끗하고 선한 존재가 되었다는 느낌이
얼마나 강렬한 것인지.

「쇠와 피」, 『소년이 온다』, 116쪽

그날 새벽 도청에 군이 들이닥치고 진수는 "극렬분자, 총기 소지"(118쪽)라고 등에 쓰인 채로 체포된다. 다만 전날 진수는 동호한테 군이 와도 총을 버리고 손을 든 채로 나오는 어린애들을 죽이진 않을 거라고 걱정스런 마음에 일러주는데, 베트남전에서 베트콩을 서른 명도 넘게 죽였다는 장교가 총을 버리고 손을 든 채로 일렬로 나오는 다섯 명의 미성년자를 총으로 쏴 죽여버린다. 다섯 개의 방과 조사실로 구성된 곳에서 진수는 심각한 학대와 고문을 받는다. 특히 외모가 여성적이었던 진수는 다른 수감자보다 더 심각한 성적 학대와 고문을 받는다. 그때 그곳에서 진수는 살아남은 미성년자 영재를 만나는데, 동호에 대한 그리움 때문인지,

항시 어두웠던 진수는 영재와 이야기를 나누며 그나마 조금씩 웃게 된다. 영재는 나이는 어렸지만, 마지막 남은 양심으로 졸속으로 진행되던 군법재판에서 애국가를 울면서 부르기도 했다. 7년 형을 언도받고 풀려난 진수는 어느 날 9년 형을 언도받고 성탄절 특사로 풀려나, 택시 운전을 하는 형을 찾아간다. 영재의 재판이 어제 있었다고, 감옥에서 풀려난 후 날마다 술에 수면제를 타서 마셨고, 지금까지 여섯 번 손목을 그었으며, 이번에는 사람을 죽일 뻔했다고. 그 후 진수는 도청 앞에 다섯 명의 아이들 시신이 일렬로 놓인 모습을 찍은 사진을 유서와 함께 남기고 자살해버린다.

소설에서 군인들이 진압 작전을 펴기 전에, 카빈 소총을 한 자루씩 어깨에 메고 도청 2층 소회의실에 모여 있던 열두 명의 대원들은 스르륵 잠이 든다. 곧 있으면, 완전무장한 군인들이 휘몰아칠 텐데도, 서로를 믿으며, 그리고 쏠 줄도 모르는 총을 믿음직스럽게 보면서, 그들은 옹기종기 모여서 그렇게 잠에 빠져든다. 역설적이지만, 그들은 총을 일절 사용하지 않는다. 총을 사용하면, 그러니까 그 쇠를 사용하면 피가 나고 누군가 죽을 거라는 사실이 너무나 자명했으니까. M16으로 무장한 군인 앞에서 그들의 예비용 카빈 소총은 쓸 줄도 모르고, 쓸 줄 알더라도 결단코 사용할 수 없는 고철에 불과했을지도 모르겠다. 이걸 뭐라고 해야 하나, 부적 같다고 해야 하나? 나란히 나오다 사살된 어린애들에게, 손을 들고 나오는 어린애들을 죽이진 않을 거라는 진수의 말 또한 하나의 부적 같은 거였겠지? 완연한 초딩이 된 딸아이는 요즘에도 자기 전에, 애착 이불을 꼭 껴안고 잔다. 마치 부적처럼 어디 여행을 가더라도 그 이불부터 챙기는데, 아마 죽은 어린애들에게 진수 형의 존재와 진수 형의 말은 마치 저 애착 이불처럼 맹목적 믿음 그 자체였을 것이다.

우리도 우리가 믿는 게 있다. 그리고 그 믿음이 우리의 양심에서 우러나온 것들이라면 더욱더 그렇다. 언젠가 특강을 하러 가면서 버스를 탄 적이 있었다. 퇴근 시간이라서 작은 마을버스에는 이미 사람이 가득 차 있었는데, 운이 좋게도 나는 타자마자 버스 뒤쪽에 겨우 앉을 수 있었다. 거의 종점에서 내려야 했던 나는 한시름 놓고 자리에 앉아 고개를 들었는데, 무더운 여름 아주머니가 땀을 삐질삐질 흘리며 힘겹게 서 있는 게 보였다. 나의 양심이, 마치 그 카빈 소총처럼 말이다, 자리에서 일어서게 했고, 그분께 여기 앉으시라고 말하게 만들었다. 별다른 반응 없이 그 자리에 새침하게 앉은 아주머니, 그리고 그 앞에 선 나. 그때 나는 버스에 사람이 너무 많아서 가방을 앞으로 메고 있었는데, 버스가 커브를 돌 때마다 내 가방이 아주머니 머리에 닿았던 것 같다. 갑자기 소리를 지르며, 자신이 언제까지 참아야 하냐고, 머리 좀 그만 치라는 말에, 그 작은 마을버스에서 갈 곳이 없어 최대한 시선을 피하며 그 아주머니 앞에 엉거주춤 서 있었던 게 기억이 난다.

저 일이 있고 나서도, 내가 예전처럼 버스나 지하철에서 자리를 잘 양보할 수 있었을까? 완전하고 깨끗한 선한 존재로서? 마치 졸속으로 진행되는 재판에서 말도 안 되는 판결을 받은 것마냥 그 직후에는 선뜻 양보하지 못했었다. 나였다면, 자리도 양보해주셨는데, 제가 가방이라도 좀 들어드릴까요? 이렇게 말했을 텐데, 생각하면서 말이다. 그런데 지금은 그런 생각 자체를 하지 않고, 다시 양심에 귀를 기울이고 있다. 내 선의가 선의로 전달되지 못하고 악행으로 되돌아왔지만, 그렇다고 카빈 소총을 쏴댈 수는 없지 않은가? 임시로 지어진 가건물에서 졸속 재판을 받을 때, 즉각 총살당할 수도 있으니 고개를 처박으라는 군인의 엄포에도 영재가 애국가를 부르는 모습을 보면서 느꼈다. 양심이 그렇게나 지독하다는 걸. 양심이 있었기에 카빈 소총을 손에 쥐고만 있을 수 있었고, 이제 그만 잊고 살라는 주변의 만류에도 잊지 못하고, 아이들 사진을 유서로 남긴 채 자살을 한 게 아니었을까 싶은 거다. 반대로 생각해보면, 양심에 따라 조언해준 진수의 말을 믿고 나란히 손을 들고 나오는 어린애들을 총으로 쏴 갈긴 장교는 어쩜 저렇게 인면수심일 수 있었을까? 쉽게 사라지지 않는 그 지독한 양심을 어떻게 자신의 몸에서 완전히 태워버렸냐는 말이다. 그게 그렇게 지울 수 있는 게 아닌데. 하긴 한두 번이 어려운 거였겠지. 그러니까 우리는 그 한두 번을 올곧게, 끝까지 지켜내야 하는 거겠지.

12
소생

그 순간 네가 날 살렸어.

「밤의 눈동자」, 『소년이 온다』, 173쪽

　선주는 중학교를 졸업도 하기 전에 취직해서, 하루에 15시간씩, 한 달에 이틀만 쉬면서, 급여는 남자의 절반만 받고 작업 수당 없이 일하는 여공이었다. 같이 일하는 성희 언니는 노동 강의를 듣고 와 노동자의 권리에 대해 선주에게 알려준다. 경찰이 어용노조를 당당히 투표로 이긴 노조원들을 체포하려고 하자, 열여덟 살 선주와 또래 여공 수백 명은 옷을 벗고 스크럼을 짜서 막는데, 이 스크럼은 폭력 앞에 속절없이 와해된다. 이때 브래지어 차림의 선주는 사복 경찰에게 배를 맞아 장이 파열되고 그길로 블랙리스트에 이름이 올라, 회사에서도 해고 통지를 받는다. 노동운동을 접고 인천을 떠나 광주로 내려간 그녀는 충장로에 있는 양장점에서 미싱사 조수로 일한다. 스물한 살에 정식 미싱사가 되지만,

날마다 검열된 까만 신문을 읽으며 세상이 어떻게 흘러가고 있는지를 새삼 깨닫는다. 그러다 양장점 주인과 아들이 영암으로 피신한 날, 역전에서 노래를 부르는 여공들이 탄 버스를 우연히 본다. 이를 계기로 이끌리듯 시위에 참여하게 된 선주는 상무대에서 시신을 수습하고, 가두방송을 하면서 시위 참여를 독려하지만 체포되어 역시나 잔혹한 고문을 받는다. 그 일로 감옥에 다녀온 선주는 결혼도 하고, 성희 언니가 일하는 단체에 취직도 하지만 결국 일상을 전부 잃어버리게 되고 이혼 후, 다른 단체에서 겨우 일한다. 그녀는 증언을 요청하는 윤의 요구에도 완강히 거부하며 어느 새벽, 성희 언니가 방사선 치료를 받고 있는 병원으로 걸어갈 뿐이다.

슬라보예 지젝은 『자본주의에 희망은 있는가』에서 "테러리스트 근본주의자들은 스스로에 대한 신념이 부족하다. 이들의 난폭한 폭발이 그 증거다."(145쪽)라고 지적했다. 나는 광주에서 자행된 군인들의 그 '난폭한 폭발'이 저 테러리스트들과 비슷하다고 생각했다. 자신들의 행위가 얼마나 정당성이 없는지, 그 보잘것없음을 감추기 위한 제스처로 폭력을 행사했기 때문이다. 생각해보면, 운전을 하다가도 지하철을 타다가도 폭발하는 사람들을 정말 많이 보게 된다. 아마 나만 그렇지는 않을걸? 어떨 때 보면, 명명백백히 잘못이 드러나는 그 순간까지도 그걸 인정하고 초라해지기 싫어하는 사람들이 테러에 버금가는 폭력적 행위를 일삼는 걸 보게 된다. 요즘 여기저기에서 불특정 다수를 향한 화가 많아진 건 그런 의미에서 안타까운 것 같다. 아직까지 딸아이한테 훈육을 한 적은 있어도 내 기분에 취해 테러를 가한 적은 없는데, 그래도 나름의 교육적 신념을 지키고 있는 아빠가 된 것 같아 안도했다. 단단한 사람일수록 다정한 이유가, 그러니까 난폭해질 필요가 없는 이유가, 바로 여기에 있는 거니까.

선주는 출소 후 성희 언니를 만나는데, 그녀는 얼굴도 잘 기억나지 않는 정미 이야기를 한다. 그때 우리가 옷을 벗고 스크럼을 짤 때, 그렇게 노동운동을 하면 안 된다고, 동생 학비도 보내야 해서 자신은 해고되면 안 된다던 정미가 우리가 모두 잡혀간 후에 울면서 우리 신발을 챙겨 왔었다고 말이다. 그런데 정미도 그 당시 광주에 있었다는데 정말로 본 적이 없냐고. 출소 후 선주는 광주에서의 악몽을 모두 잊고 죽으려고 광주를 다시 찾았다가 가톨릭센터 외벽에 붙은 사진에서 죽은 정미 시신을 본다. 선주는 말한다. "그 순간 네가 날 살렸어."(173쪽) 광주에서 죽지 않고 선주는 다시 돌아온다. 그때 선주가 정미에게, 너 의사 되고 싶다며, 동생 학비도 벌어야 한다며, 이제 그만해, 이렇게 말했나면 정미는 죽지 않고 살아 정말로 좋은 의사가 됐을까? 생각해보니까, 대학원에서 학생들을 지도하면서 대략 100명이 넘는 대학원생을 배출했다. 어떻게 그렇게 논문을 지도했는지 싶다가도 논문을 완성하지 못하고 사라진 대학원생들을 생각하면, 나는 왜 그들을 살리지 못했나, 그들을 죽게 만든 건 내가 아니었을까 하는 생각이 들기도 한다.

김연수는 「이등박문을, 쏘지 못하다」에서 인생을 "그저 사소한 우연의 연속처럼 보였다."(230쪽)라고 말하며, 인생은 따져보는 것이 아니라 납득하는 것이라 설명한다. 생각해보면, 내 인생에서도 비겁하고 졸렬했던 순간들이 정말 많았다. 나라고 그런 순간이 왜 없었을까? 그때는 나도 원인이 무엇인지, 나는 왜 이것밖에 안 되는지를 밤새워 따져보며 시름시름 앓았었다. 하지만 소설에서 선주가 "그해 봄과 같은 순간이 다시 닥쳐온다면 비슷한 선택을 하게 될지도 모른다."(175쪽)고 말한 건 정미를 통해 선주가 다시 소생했음을 의미한다. 그러니까 순간순간 비겁할 수도 있고 의로울 수도 있지만, 비겁했던 순간'만'을 떠올리며 왜 그랬는지를 따져보고 작아지는 게 아니라, 일어난 일들을 그저 납득하고 인정하는 것 말이다. 왜 비루해졌는지, 어떻게 그럴 수가 있었는지가 중요한 게 아니라, 죽지 않고 살아, 당당하게 했던 정의로운 선택을 기억하고, 다시 또 그 선택을 내리겠다고 고백하는 게 더 중요한 거니까. 우리가 할 수 있는 일이란, 비겁한 순간이든 정의로운 순간이든 정말로 고개를 끄덕이며 납득하는 것, 그리고 그 기억을 버팀목 삼아 소생하는 것, 그것뿐일 테니까 말이다.

13
차가움

아무리 무더운 여름이 다시 와도 땀이 안 나도록,
뼛속까지 심장까지 차가워졌다이.

「꽃 핀 속으로」, 『소년이 온다』, 190쪽

그날, 그러니까 군인들이 중무장을 하고 들이치던 그날, 동호 엄마와 작은형은 도청에 동호를 찾으러 갔었다. 저녁 6시까지 돌아온다던 동호의 말을 믿고 기다리다가 통금 시간이 다되어 나온 것이다. 도청에는 죽음을 각오한 사람만 남았다는 문 앞 소년병의 말에 작은형이 상관없다고, 죽어도 좋으니 동호를 찾겠다고 말하자, 동호 엄마는 울면서 돌아선다. 작은형까지 잃을까 두려웠던 것이다. 다음 날 새벽, 동호는 그렇게 군에게 총살당한다. 총에 맞고 피를 너무 흘려 피부가 하얀, 작디작은 동호 시신을 받아 베니어판으로 짠 관에 고이 넣고 하관한다. 동호 엄마는 실성해서 흙을 먹기도 하고 토하기도 하면서 아들의 마지막 모습을 그저 지켜본다.

그러던 중 유족회에서 전두환이 광주에 온다는 말을 듣고 동호 엄마는 유족들과 같이 현수막을 만들어 나가지만, 경찰에 체포되어 제대로 된 시위도 못 하고 경찰서에 잡혀 온다. 동호 엄마는 우리가 무슨 잘못이 있냐며 경찰서에서 전두환의 사진을 떼려다 깨진 유리에 발을 다쳐 응급실로 실려 가는데, 피를 흘리면서도 남은 현수막을 남편한테 받아 들고 병원 옥상에 다시 오른다. 내 아들을 살려내라, 그렇게 외치기 위해서. 동호 엄마는 올 사람 없는 집에서 동호와의 추억을 하나하나 떠올리며 하루하루를 보낸다.

신형철은 『슬픔을 공부하는 슬픔』에서 펜 워런의 말을 다음과 같이 인용한다. "소설은 우리에게 우리가 원하는 것만을 주지 않는다. 더 중요한 것은, 소설이 우리에게, 우리가 원하는지조차 몰랐던 것들을 줄 수도 있을 거라는 사실이다."(173쪽) 나는 동호 이야기로 시작해서 동호 엄마 이야기로 끝나는 이 소설의 흐름에 큰 기대를 하지 않았다. 자식을 잃은 슬픔이란 게 너무 똑같지 않나, 뭐 이런 생각을 했던 것 같다. 그런데 이건 그게 아니었다. 진짜. 누군가는 동호를 혁명 열사로 칭송할 수도 있고, 누군가는 동호의 죽음을 동정하고 안타까워할 수 있지만, 그런 이야기 말고, 이건 막둥이로 태어난 아이를 키우며 애지중지 아꼈던 아들이 어느 날 총살당해 새하얀 시신으로 돌아와 베니어판으로 짠 관에 고이 넣어야 했던 엄마의 비장한 이야기였으니까. 나는 내가 이런 이야기에 다시 반응할 줄은 정말 몰랐다. 이장욱은 『혁명과 모더니즘』에서 "'낯선 것을 보여주는 것'과 '낯설게 보여주는 것'은 종류가 다르다."(163쪽)라고 지적했는데, 여기서 죽은 아들을 둔 엄마의 모습이 '낯선 것'은 아니지만, '낯설게 보여주는 것'만큼은 분명해 보였다.

 딸아이가 다섯 살 때였나? 놀이터까지 나가기 가끔 귀찮을 때가 있어서 집 안에 미끄럼틀을 하나 사서 거실에 둔 적이 있었다. 무슨 바람이 불었는지, 딸아이가 낑낑거리며 미끄럼틀을 끌고 가 문틀에 정확하게 맞춰놓고 갑자기 신나게 내려오는 게 아닌가? 아차 싶었는데, 이미 딸아이 이마가 문틀 모서리에 부딪쳤고 이마가 퉁퉁 붓고 피가 흐르기 시작했다. 우는 아이를 들쳐 안고 주차장으로 뛰쳐나와 차에 태우고 인근 병원으로 갔는데, 하필 지난달부터 응급실 서비스를 중단했다는 것이다. 이런 진짜. 그래서 다시 딸아이를 태워 서대문에 있는 종합병원 응급실로 갔는데, 태우고 가는 차 안에서 별의별 생각을 다 했다. 뇌에는 이상이 없어야 할 텐데, 여자애니까 흉도 지면 안 되는데, 붓기도 빨리 빠져야 하는데, 아프면 안 되는데, 죽으면 안 되는데. 엑스레이를 찍고 나서, 우리 또래일까 싶은 젊은 의사 선생님의 이야기를 듣고 나서야 안심할 수 있었다. 안심해도 된다는 그 말에, 연신 그 의사 선생님의 손을 잡고 살려주셔서 감사하다고 말했는데, 오히려 그분이 멋쩍어하던 모습이 생각난다. 이런 경험을 하고서도 뭐, 다 똑같다고? 문학을 뭘로 보고.

김중혁은 『내일은 초인간 : 극장 밖의 히치코크』에서 초인간을 "내일의 중요한 목표를 위해 오늘의 즐거움을 포기하지 않"(30쪽)는 인간으로 정리한다. 가히 이런 게 초인간이지. 그런데 동호 엄마는 아무리 날이 더워도 뼛속까지 심장을 차갑게 만드는데, 그건 내일의 목표를 위해 오늘의 즐거움을 포기하는 걸 의미했다. 그랬기에 동호 엄마는 늙은 나이에도 지치지도 않고 현수막을 만들고, 경찰서에서 책상에 올라 전두환의 사진을 떼어내며, 병원 응급실에서 피투성이가 된 발을 절뚝이며 옥상에 올라 현수막을 펼쳐 들고, 내 아들을 살려내라, 내 아들을 살려내라, 외칠 수 있었던 게 아닐까? 그래야만 그럴 수가 있었을 테니까. 좀 전에 아내를 데리러 가면서 차에서 악뮤의 〈어떻게 이별까지 사랑하겠어, 널 사랑하는 거지〉를 들었다. 이 노래에 대한 한강 작가의 인터뷰 때문일까, 『소년이 온다』를 다시 읽은 직후여서였을까. 뭔가 이 노래가 다르게 들리기 시작했다. 동호 엄마가 저 차가운 심장을 유지하려 한 게, 이별까지 사랑할 수 없었기 때문이란 걸. 만약 그렇지 않다면, 동호의 죽음을 인정하고 무뎌해진다면, 그건 엄마가 동호의 죽음을, 아들과의 이별을 인정하는 꼴이 되는 거니까. 도저히 그 이별까지 사랑할 수 없었을 테니. 때로 우리도 계속 차가워야 할 순간이 온다. 그때는 결코 따뜻해져서는 안 된다. 끝까지 차갑고 차가워야 한다. 그런 게 사랑인 순간도 있기에.

누군가를 기억하고 있다는 건, 그 사람과 여전히 연결되어 있다는 것.

누군가와 연결되어 있다는 건, 다시 그 사람을 기억하고 있다는 것.

14

혼자

나는 이제 명환이 혼자 남게 되리라는 것을 알고 있었다.

「어둠의 사육제」, 『여수의 사랑』, 130쪽

　교통사고로 사랑하는 아내와 뱃속의 아이, 그리고 자신의 다리까지 잃은 명환이 있다. 그는 받은 보상금으로 가해자와 같은 아파트, 같은 동인 15동으로 이사를 왔고, 가해자와 그의 가족들을 졸졸 따라다닌다. 그러다 그들이 명환의 불쾌한 행동에 지쳐 다른 곳으로 이사를 가게 된다. 영진은 청주 출신으로 평범한 집안의 셋째 딸이었는데, 대학 영문과에 들어갈 돈을 모을 목적으로 무작정 서울로 상경한다. 그러던 중 동향 언니 인숙과 함께 4년간 모은 돈을 들여서 전셋집을 마련하는데, 나중에 인숙이 그 돈을 들고 잠적하게 된다. 하루아침에 갈 곳이 없어진 영진은 서울에 살고 있지만, 서로 데면데면한 이모에게 부탁을 해서 명환이 살고 있는 아파트 건너편 16동으로 이사를 온다. 그 모습을 건너편에서 유심히 지켜보던 명환은 이제는 의미가 없어진 15동 자신의 아파트를 영진에게 주기로 결심하는데, 사촌동생들의 하대에, 베란다에서 쥐죽은 듯이 사는 형편에도 불구하고 영진은 명환의 제안을 끝내 거절한다. 저 문장은 명환의 제안을 뿌리치며 영진이 다른 곳으로 이사를 가려고 할 때, 영진이 명환을 보고 한 생각이다.

편혜영의 「원더박스」를 보면, "이것이야말로 누구의 잘못인가 하는 생각에 빠져들었다."(131쪽)는 문장이 나온다. 왜 우리도 살다 보면, 똑 부러지게 누구의 잘못인지 확신하기 어려운 일을 겪게 된다. 소설에서 명환이 겪은 고독도 사실 그런 유형의 사건일 수 있다. 물론 명환에게 발생한 사고에는 과속 운전을 했던 남자의 잘못이 가장 클 것이다. 하지만 소설을 보면, 그 남자는 적절한 보상금을 명환에게 제공하고 사과도 군말 없이 한다. 오히려 행패를 부리기 위해 이사까지 와서 집으로 찾아온 명환을 예의 바르게 응대하고, 고기와 과일, 추가 위로금을 들고 명환의 집에 따로 찾아가기까지 한다. 뿐만 아니라, 그 남자는 잘못은 자신이 했으니 아이들과 아내는 괴롭히지 말아달라며 명환 앞에서 무릎을 꿇고 사정을 하기도 한다. 그 남자가 명환에게 뭘 더 할 수 있을까? 물론 명환도 알고 있다. 그가 좋은 남자라는 걸. 그럼에도 불구하고 명환은 소중한 가족이 죽은 후 남은 삶의 의미를 그 남자의 가족 근처를 배회하며 관찰하는 것에서 대출 받는다. 그 결과 그 가족이 견디다 못해 이사를 가기로 결정했을 때, 명환의 삶은 그 자체로 의미가 없어져버린다. 굳이 15동에 아파트를 사서 이사를 갔던 이유 전부가 완전히 사라져버렸기 때문이다.

결국 명환은 다시 '혼자'가 된다. 불의의 사고로 '가족'을 모두 잃었고, 복수의 대상이지만 엄연히 명환 옆에 존재하던 '젠틀한 그 남자의 가족들'도 잃었다. 명환은 혼자다. 신형철의 『인생의 역사』에 "신은 정의롭지도 불의하지도 않다. 다만 무능할 뿐이다."(43쪽)라는 문장이 있다. 개인적으로 '혼자'가 된 사람에게 종교를 권하는 건 무책임한 일이라고 생각한다. 신은 절대로 우리가 사는 이 세계에 개입하지 않기 때문이다. 영화 〈사일런스〉를 보면 신의 완전한 침묵이 무엇인지를 알게 된다. 완전한 고독에서 행했던 절실한 기도는 전부 신의 침묵으로 돌아오기 때문이다. 즉, 혼자인 사람이 타인과의 '연대'를 꿈꾸며 종교에 귀의한다면, 대부분 '연대'는커녕 '고독'을 경험할 가능성이 매우 높다는 말이다. 시간이 약이라고? 김연수는 「그 상처가 칼날의 생김새를 닮듯」에서 말한다. "살아보니 시간이 모든 것을 해결해준다는 말도 거짓말인 것 같다."(71쪽)고. 그래서 대체 무슨 말을 하고 싶은 거냐고? 신도 해결할 수 없고, 시간도 해결해줄 수 없다면, 결국 우리는 이따금씩 '혼자'가 될 수도 있다는 사실을 기꺼이 수용해야 한다는 말이다. 비록 소설에서처럼 42평짜리 자가 아파트조차 무용지물로 느껴질 만큼의 거대한 공허함이 밀려드는 순간을 겪을지라도 말이다.

소설에서 명환은 죽었다. 물론 그럴 줄 알았음에도, 영진은 명환의 제안을 거절했다. 그런데 우리는 죽으면 안 된다. 갑자기 이게 무슨 말이냐고? 언젠가 아내랑 커피를 마시다가, 나중에 늙어서 당신보다 내가 늦게 죽는 게 두렵다는 말을 한 적이 있다. 그때 아내의 표정은 아리송했는데, 나는 부연 설명으로 소중한 사람들이 내 곁을 먼저 떠나가는 모습을 볼 자신이 없어서라고 말했었다. 그 당시 내가 했던 이 말은 너무나 진심이었지만, 설령, 만약, 정말로, 나에게 그런 일이 발생한다면, 그렇다 하더라도, 나는 절대로 죽지 않을 거라고도 말했다. 그제서야 아내는 웃었다. "그래 절대 죽지 마." 한강의 『흰』을 보면 이런 말이 나온다. "죽지 마. 죽지 마라 제발."(117쪽) 비루할지언정 죽지 않고 살아남아야, 먼저 떠난 소중한 사람들을 기억할 수 있고 추모할 수도 있는 것이니. 중학교 2학년 무렵, 뒷다리에 장애를 갖고 태어난 새끼 강아지를, 비 오는 어느 날 어미조차 포기해서 물어다 집 밖으로 던져버렸을 때, 그 강아지를 데려다가 지극정성으로 어르고 달래며 키워보려 했지만 결국 죽어버린 일이 있었다. 그때 내가 그 어미를 얼마나 때려 죽이고 싶었는지, 얼마나 그 강아지를 살리고 싶었는지 아무도 모를 것이다. 죽은 새끼 강아지를 아빠랑 같이 근처 산으로 데려가 조용히 묻었다. 아직도 그 기억이 너무나 선명하다. 그리고 나는 지금도 그 아이를 잊지 않고 살아, 이 이야기를 여기에 쓰고 있다. 조금 더 혼자 살았기에, 고로 나에게 주어진 특권이기에.

15
그곳

그러니까 어디로 가든, 난 그곳으로 가는 거예요

「여수의 사랑」, 『여수의 사랑』, 57쪽

정선은 고향 여수를 떠나 서울에서 산다. 다만 원인불명의 심한 결벽증과 위경련, 그리고 토악질 때문에—의사는 과로 때문이라 하지만—룸메이트들이 하나같이 견디지 못하고 떠난다. 그러던 중 자흔이 정선의 새로운 룸메이트로 오게 된다. 처음에 정선은 자흔도 떠날까 두려워, 부주의하고 부산한 자흔의 행동 모두를 눈감아준다. 그러던 중, 정선은 자흔의 고향이 자신과 같은 여수라는 사실을 알게 된다. 언젠가 지하철역에서 지갑을 잃어버린 자흔이 사실은 다음 날 여수로 떠나려 했다는 사실을 알게 되면서부터 정선은 심한 결벽증이 다시 도진다. 그 후 자전거 사고를 당한 자흔을 간호하다가 정선은 죽은 아버지를 떠올리게 되고, 잠에서 깬 자흔을 앞에 두고 울부짖는다. 자흔은 자신의 고향이 여수에 있는 '소제' 마을이라고 꿈꾸듯 말하는데, 거기에 절대 가지 말라는 정선의 당부에도 불구하고 자흔은 그다음 날 여수로 떠난다. 저 문장은 자흔이 여수로 떠나기 전에 소제를 소개하면서 정선에게 한 말이다.

알랭 바디우는 『일시적 존재론』에서 다음과 같이 말했다. "이질적인 것이 동질적인 것보다 사유할 것을 더 많이 건넨다."(57쪽) 스물다섯, 이른 나이에 죽은 엄마를 대신에 아빠는 큰딸 정선과 작은딸 미선을 키운다. 하지만 어떤 이유에서인지 동반 자살을 선택한 아빠. 다섯 살 동생 미선과 아빠는 죽었고 일곱 살 정선만이 살아남는다. 고로 정선에게 고향 여수는 아무도 없는 곳, 고로 돌아갈 수 없는 곳, 가족 모두를 잃은 비통한 곳이 되었다. 인공호흡으로 온몸에 토사물을 묻힌 채로 깨어났다는 정선은 그 후로 심한 결벽증을 보인다. 성인이 되어서도 스스로 입에 손을 넣어 토악질을 하는 방향으로 자신의 고향, 여수를 흐릿하게 기억한다. 반면에 여수발 서울행 기차에서 강보에 싸인 채 발견됐다는 자흔은 인천, 전주, 남원, 삼례, 곡성, 순천, 속초, 충무 등 전국을 일주하다시피 돌아다닌 전력(前歷)이 있다. 그런 의미에서 그녀가 우연히 마주한 여수의 작은 시골 마을 '소제'라는 곳은 그녀가 반드시 돌아가야 하는 곳, 유일무이한 고향 그 자체가 된다. 여수를 향한 이 둘의 마음이 매우 상반되지만, 나는 또 그랬기 때문에 결국에 정선이 여수행 통일호에 탔다고 생각했다. 그 이질감이 생각할 여지를 주었고, 이제 그만하고 여수에 한번 가봐야 하지 않을까? 같은 생각으로 이어졌던 게 아닐까 싶은 거다.

어렸을 때, 우리 집 옆에 백 살 할머니라고 불리는 분이 사셨다. 물론 진짜 백 살은 아니었을 것이다. 허리가 많이 구부정하시고 머리도 하얘서 그냥 예전부터 그렇게 불렸던 것 같다. 그런데 어찌된 일인지 다른 가족이나 친인척들과 함께 사시지 않고 항상 혼자 지내셨던 걸로 기억한다. 가끔씩 느지막한 시간에 학교 끝나고 집에 올 때면, 우연히 걸어가다가 지팡이를 짚고 천천히 걸어오시는 할머니와 마주칠 때가 있었다. 정말 얼마나 깜짝깜짝 놀랐던지. 물론 항상 씩씩하게 인사는 잘 드렸지만, 왠지 모르게 그분을 뵙게 되면 간담이 서늘했던 게 사실이다. 그러다가 언젠가 그분이 돌아가시고, 그 집과 땅을 아버지가 사셔서 거기에서 강아지를 몇 마리 키웠는데, 이상하게 강아지랑 놀려고 그 집에만 들어가면 누군가 나를 쳐다보는 것 같은 느낌이 들어 무서웠던 기억이 난다. 아무도 널 쳐다보지 않았을 거라고? 맞다. 그런데 지금부터 내가 하고자 하는 말이 바로 그 말이다. 그 집 주변에서 경험했던 과거 백 살 할머니와의 오싹한 몇몇 경험들이 사라지지 않고 내 무의식에 남아 있다가 그런 식으로 영향을 주고 있었다는 걸.

언젠가 대학교 국문학과 동기들 몇 명이 우리 집에 놀러 와서 그 집에서 강아지들과 재미있게 논 적이 있다. 물론 나도 스리슬

쩍 껴서 같이 놀았고, 꽤 좋았던 기억으로 남아 있다. 나중에 아빠는 그 집을 모두 허물고 거기에 골프 연습 시설을 만들어 골프 연습을 하기 시작하셨다. 가끔씩 아빠가 골프를 연습하는 모습을 지켜보기도 했는데, 이 역시 꽤 좋았던 기억으로 남아 있다. 웃긴 이야기지만, 그제서야 누군가 날 보고 있다는 공포에서 벗어나서 그 집에, 그러니까 허물고 난 후 그 집터에 편하게 발을 디딜 수 있게 되었다. 한때는 너무나 공포스러운 장소였지만, 나와 다른 경험을 간직한 사람들과 자연스럽게 교집합이 생기면서 그 공포에서 천천히 벗어날 수 있게 된 것이다. 생각해보면, 우리는 모두 그런 '그곳'들이 있지 않나? 아니라고 할 수 없을걸. 철저하게 내 입장에서만 계산된 '그곳' 말이다. — 물론 그게 사람일 수도 있고. — 그런데 다른 입장에서는 '그곳'이 전혀 다른 의미일 수도 있다는 사실도 꼭 유념해야 한다. 그래야 비로소 진짜 그곳을 알게 되는 셈이니까. 그런 의미에서 오랜만에 버스커버스커의 〈여수 밤바다〉를 들어볼 것을 제안한다. 그게 무슨 말이냐고? 여기까지만 말하겠다. 의식의 흐름~

16
규칙

그동안 진규는 오로지 인규만의 것이었다.

「질주」, 『여수의 사랑』, 224쪽

　인규에게는 수전노라 비하하는 의붓아버지와 자신의 친어머니, 그리고 이부여동생이 있다. 지물포를 운영하는 의붓아버지와 이부여동생은 항시 인규를 껄끄러워했고, 어머니도 별다른 애정 표현을 하지 않았기에 인규는 취업하자마자 그 집을 나와버린다. 가끔씩 인규는 그 집을 방문하기는 하지만 공식적인 손님 대접을 받을 뿐, 가족들과 별다른 사적 소통이 없는 사이, 어머니가 자궁암에 걸렸다는 이야기를 우연히 듣게 된다. 수술을 한사코 미루던 어머니는 갑자기 인규가 일하는 회사로 전화를 하기 시작하는데, 인규는 그 통화에서 어머니가 '두려움'에 수술을 차일피일 미루고 있음을 깨닫게 된다. 그러다가 통화 중, 어릴 적 동네 형들에게 맞아 죽었던 동생 '진규'를 입에 올린 어머니는 그 이후로는 회사로 전화를 걸지 않는다. 궁금증이 생긴 인규가 의붓아버지가 운영하는 지물포를 찾았을 때, 어머니가 수술을 결정하고 병원에 입원했다는 말을 듣게 된다. 어머니를 만나기 위해 병원으로 달려가는 인규는 손톱이 손바닥을 파고들 만큼 주먹을 불끈 쥐고 이런저런 생각을 한다.

가라타니 고진은 『은유로서의 건축』에서 문법을 "원래 외국어와 고전어를 배우기 위한 한 방법으로 고안된 것"(210쪽)으로 정리하며, 생각보다 문법이 외국인의 언어 습득에 득보다는 실이 많다고 지적한다. 이 지적이 굉장히 생경할 수 있지만, 나도 한국어를 외국인에게 가르쳤던 사람으로서 한국어 문법이 생각보다 한국어 습득에 그렇게 큰 도움이 되지 않는다는 사실에 동의하는 편이다. 역설적이지만, 문법을 많이 알면 한국어능력시험에서 좋은 점수를 받을 수 있을지는 몰라도, 이게 실제 한국인과 의사소통할 때 유창한 한국어 실력을 담보해주지는 못하기 때문이다. 오히려 문법은 건너뛰고 거두절미하게 '넷플릭스'로 한국 영화에 나오는 한국어 자막을 보면서 한국어를 독학한 외국인 중에 유창하게 한국어로 소통하는 사람을 더 많이 본 것 같다. 그러니까 가라타니 고진의 말처럼 어떤 경우 문법은 "하나의 규제일 뿐 규칙"(210쪽)은 아닌 것이다. 당연히 규제로 작동하면 문법을 많이 알아도 외국어를 잘 쓰지 못하게 되고, 규칙으로 작용하면 문법을 조금만 알더라도 외국어를 잘할 수 있게 된다.

소설에서 형들에게 맞아 죽은 일곱 살 동생 진규는, 그가 죽고 나서 새롭게 구성된 가족에서 하나의 '규제'로 작동한다. 이는 아마 어머니 나이 서른다섯 살에 아버지가 농약을 마시고 자살했던 것과 맞물렸기 때문일 것이다. 만약, 진규를 새롭게 만들어진 가족들끼리 연대할 수 있게 하는 하나의 규칙으로 작용했다면, 그래서 의붓아버지의 지물포를 지키느라고 동네 형들에게 맞는 동생 진규를 지켜주지 못했다며 자책하는 인규의 마음을 헤아려줄 수 있었다면, 인규가 독신자 아파트로 도망치는 일은 최소한 없었지 않았을까? 인규는 성인이 되고 나서도 진규를 기억하고 추모하는 유일한 1인으로 스스로를 정리하는데, 이는 나머지 가족 구성원들이 진규를 침묵해야만 하는 하나의 규제로 강요받았기 때문일 것이다. 사전에서 수전노를 검색해보면, "돈을 모을 줄만 알아 한 번 손에 들어간 것은 도무지 쓰지 않는 사람을 낮잡아 이르는 말"이라고 나오는데, 여기서 돈을 '진규'로 대치시키면, 분명 가족들은 모두 황망하게 죽은 진규를 기억하고 있지만, 머릿속에 저장만 해놓을 뿐, 도무지 입 밖으로 꺼내려고 하지 않는 사람들쯤 되지 않겠냐는 말이다.

작년에 로마라고 이름을 붙인 크레스티드 게코 도마뱀을 분양받아 키웠었다. 딸아이가 너무나 키우고 싶어 했었고, 나도 계속 보니까 너무 예뻐서 흔쾌히 데려와서 같이 키웠었다. 로마는 트라이컬러종이었는데, 그 생김새가 너무 귀여워서 우리 모두는 로마를 보면서 황홀경에 빠져 있었다. 그러다 언젠가 아침에 물을 뿌려주려고 사육장 문을 열었는데, 로마가 죽어 있었다. 어릴 때는 원인불명의 돌연사가 있을 수도 있다는 전문가의 충고를 유튜브에서 확인하고 나서도 그 마음이 진정되지 않았다. 왠지 내가 뭘 잘못해서 로마가 죽었다는 생각이 가시지 않았기 때문이다. 그러고 나서 한동안 로마는 우리 집에서 금기어였다. 그 누구도 로마 이야기를 꺼내지 않았다. 나도 아내도 딸아이도 모두 로마를 규제로만 작동시켰다. 가끔씩 딸아이는 밤에 자다가 갑자기 깨서는 울기도 했는데, 로마의 죽음에 자신이 뭔가 기여했을 수도 있다는 '자책' 때문이었다. 어느 정도 시간이 지나고 나서 '로이'라는 콘페티 라인 달마시안종 크레스티드 게코 도마뱀을 다시 입양했는데, 그때 운 좋게 터놓고 가족끼리 로마에 대한 이런저런 이야기를 할 수 있었다. 아내랑, 딸아이랑 같이 앉아서, 우리가 뭘 잘못했는지, 하지만 그게 서로의 잘못은 아니었음을, 지금 데려온 로이는 정말 잘 키워보자, 뭐 이런 이야기를 했던 것 같다. 단단하게 연대하도록 만들어주는 규칙으로 우리 로마를 기억하자고 말이다. 로마, 로이, 이름도 다 예쁘네.

17

배제

겨울임에도 불구하고 환영은 모두 봄의 형상을 하고 있었다.

「진달래 능선」, 『여수의 사랑』, 233쪽

    정환은 주정꾼이었던 아빠의 폭력, 그리고 무기력한 엄마, 백치(白痴)였던 여동생 정임을 버리고 아홉 살에 중소도시로 도망을 친다. 거기서 교회 장로였던 양부를 만나고 슬하의 다른 자녀 십여 명과 농장에서 같이 일하며 청소년기 대부분을 보낸다. 정환이 군에 입대했을 때, 양부가 죽었고, 휴가를 나왔을 때 갈 집이 더 이상 있지 않게 된 그는 예전에 도망친 집을 기억하고 그곳으로 향한다. 모두가 사라지고 낯선 2층집이 들어선 그곳에서 우연히 숙부와 숙모를 만나고, 정환이 떠나고 1년 후 술병으로 아빠가 죽었다는 사실과 엄마는 개가(改嫁)를 해서 정임을 데리고 근처 중소도시로 떠났다는 말을 듣는다. 거기서 우연히 숙모한테 정임의 중학교 졸업사진을 얻는데, 군 전역 후, 그리고 취업을 하고 나서도 그 사진을 들고 정임을 찾기 위해 울산, 마산 등지를 돌아다 니지만 큰 소득이 없다. 그러다가 심장병으로 딸을 잃고 황망하게 사는 황 씨 집에 세입자로 들어가는데, 황 씨의 거실과 베니어판 으로만 구획된 방에서 황 씨의 울음소리를 우연히 듣게 된다.

가라타니 고진은 『은유로서의 건축』에서 '구조'에 대해서 다음과 같이 말한다. "어떤 작품의 구조를 파악해보면, 그 구조는 항상 텍스트 자체보다 단순하다."(89쪽) 그러니까 구조라는 게 뭔가를 배제하고 남은 것들끼리 연결된다는 점에서 그렇다. 나도 여기에 소설의 줄거리를 정리하고 있지만, 결국 내가 선택한 것들만의 구조라는 점에서 한강의 소설에서 극히 일부만을 선택해서 구조화할 수 있을 뿐이다. 갑자기 구조 이야기를 하는 이유는, 소설에서 정환이 황 씨 집으로 들어간 후에, 황 씨가 나무를 파내기 위해 파놓은 구덩이를 보면서 이 구덩이를 꼭 '봄의 형상'으로만 연결시킨다는 점 때문이다. 특히 이 소설의 제목에서 알 수 있듯이, 그 봄의 형상은 구체적으로 '진달래나무'가 심어진 능선을 가리키는데, 이 능선은 정환이 장애를 가진 정임의 뺨을 때리고 도망친 곳이기도 하다. 그러니까 뭔가 '나무'와 관련해서 사고를 하면 정환이는 일단 봄의 형상, 그리고 진달래나무부터 떠올리는 것이다. 문득 한 선배가 생각난다. 기말고사 기간, 중앙도서관에서 밤을 새우고 나오다 선배 한 명을 만났는데, 커피를 한잔 마시자고 해서 따라갔다. 나갔더니 그 선배는 3층 자판기에서 믹스 커피를 한

잔 뽑아주며 웃고 있었다. 갑자기 이게 무슨 말이냐고? 웃기는 말이지만, 나에게 커피란 구조적으로 오직 아메리카노뿐이었다는 말이다.

살다 보면, 가끔씩 과거에 실수했던 것, 혹은 잘못했던 순간이 떠오를 때가 있다. 다들 그렇지? 그렇게 조용히 헛웃음을 짓고 있으면, 아내가 가끔씩 "왜 웃어?"라며 묻기도 하는데, 마땅히 할 말이 없어 그저 멍하니 있을 때가 있다. 그런 게 해결되지 않으면, 정말로 멍해지는 순간들이 있다. 신형철의 『정확한 사랑의 실험』을 보면, 이런 문장이 나온다. "행복하다면 그것은 어떤 진실을 은폐했기 때문에 가능해진 행복이 아닌가? 그래서 얻은 행복이라면 그것은 가짜 아닌가?"(147쪽) 소설에서 정환은 정임의 사진을 얻어 군에 복귀한 후 군대 동료들에게 자랑스레 사진을 보여주며 행복해한다. 하지만, 그 순간 그가 멀쩡하지도 않은 정임이를 폭력적 음주벽이 있는 아빠 곁에 놓고, 매몰차게 혼자만 도망쳤다는 사실은 철저히 은폐된다. 그랬기에 정환은 제대 후에 엄마가 정임이를 데리고 갔을 법한 도시를 방문해 중학교를 찾아다니며 최선을 다해 정임이의 행방을 쫓는다. 저 문제가 해결되지 않은 한은 최소한 정임이의 졸업사진으로부터 얻는 정한의 웃음과 행복은 일시적인 것, 가짜일 테니까.

그런데 말이다. 내가 나의 커피 구조에서 배제했던 '믹스 커피'

처럼, 어떤 구조에서 배제된 것들이 그냥 그렇게 잊혀져가는 게 맞냐는 생각이 들 때가 있다. 김애란의 에세이 제목『잊기 좋은 이름』처럼 우리는 얼마나 많은 이름을 잊어버리고, 지금 떠올릴 수 있는 이름만을 가지고 원래 그러했던 것처럼 '확고한 구조'로 믿고 있느냐는 말이다. 김애란은 마음이 복잡한 이유를 다음과 같이 말한다. "무언가가 사라졌다는 사실 때문이 아니라 그게 사라져가는 방식 때문이"(272쪽)라고. 얼마 전에 이제 막 결혼한 후배랑 통화를 한 적이 있다. 그런데 엄마랑 오랜만에 통화하다가 대판 싸웠다는 말을 듣고 그 후배를 나무랐었다. 이제 결혼도 했고, 분가도 했으니, 당연히 네 삶의 구조에서 과거보다는 엄마가 배제되고 잊혀지는 게 일견 타당하지만, 꼭 그런 방식으로, 셋방 구석에 패대기치듯이 엄마를 초라하게 만들 필요까지 있었냐고, 그 방식이, 네가 할 수 있는 최대치였냐고 말이다. 저렇게 말하고 보니까 나는 또 엄마한테 얼마나 잘했나 싶어, 김애란의『침이 고인다』를 펼쳐 들었다는. 뭐. 그런 이야기다.

18

방어

나는 당신에게 왜 그토록 어리석은 연인이었을까요.

『희랍어 시간』, 44쪽

    남자는 아버지를 따라 열다섯 살에 독일로 이주한다. 거기서 이방인이자 동양인이었던 남자는 독일어를 모국어처럼 할 수 없음을 직시하고 낯선 언어, 희랍어에 몰두한다. 그때, 아버지를 닮아 시력을 잃어가던 남자는 다니던 안과 건물 뒤쪽 창고에서 목가구를 제작하는 안과의사의 딸을 만난다. 어릴 적 열병을 앓아 청력을 잃은 딸은 가끔씩 작업을 하다가 밖으로 나와 벤치에 앉아 필름으로 작열하는 태양을 바라본다. 시력을 잃어가던 남자는 그런 그 여자를 보면서 사랑에 빠진다. 남자는 여자와 필담으로 대화하는데 점차 시력을 잃어가면서 그 소통 방식에 불안해한다. 그녀와 대화하기 위해 독일어 수화까지 배우던 남자는 여자를 찾아가, 과거 10년 동안 특수학교에서 배웠다는 독순술(讀脣術)로 말해줄 것을 요구하다가 펀치를 맞아 기절하게 되고, 둘의 관계는 영영 회복되지 않는다. 그 후 스위스 국경 근처에 있는 콘스탄츠 대학교에서 희랍어를 전공하던 남자는 어릴 적 십여 차례 대수술을 받고 살아남아 시한부 인생을 극복하고 대학교에 당당히 입학한 요아힘을 만난다. 하지만 시력을 잃어가며 진짜 눈에 보이는 것보다 상상 속 아름다움에 몰입하던 남자는 결국 요아힘에게 호감을 느끼면서도 그 느낌을 끝내 부정해버린다.

결혼했을 때, 그때는 서른도 되기 전이라 지금과 비교하면 생활이 그리 넉넉하지 않았다. 어쩌다 지인한테 청첩장이라도 하나 받으면, 축의금을 얼마나 내야 하나 벌컥 심각한 고민에 빠지곤 했었다. 내가 내린 결론? 그 당시 논리적 결론이랍시고, 내가 내린 정답은 결혼식에 불참하는 거였다. 어떻게 그럴 수가 있냐고? 그러니까 말이다. 꽤 오랜 시간 고민하며 내린 결론이 고작 불참이었다니. 그러다가 형편이 좀 넉넉해지면서 문득 그간 불참했던 결혼식, 그리고 지인과 그 지인의 배우자, 혹시 생겼을지도 모르는 그 지인의 아이들이 떠오르기 시작했다. 그때서야 부랴부랴 메신저로 축의금을 10만 원씩 보내기 시작했다. 구차하지만 장문의 메시지도 달았는데, 그때는 형편이 그랬다고 미안하다고, 지금은 형편이 괜찮다고, 늦었지만 행복하게 살고 있기를 바란다고 말이다. 맥빠지게도 대부분의 축의금은 상대방이 받지 않아 고스란히 나에게 되돌아왔다. 꼬박꼬박 돌아오는 10만 원을 보면서 문득 그때 3만 원이라도 보내고 축하를 했어야 하는 게 아니었나, 내가 이성적이랍시고, 너무 많은 생각을 했구나 하는 생각이 들었다. 결국 이성이란 게 이런 거구나…….

  본래 생각이 많아지면 그만큼 용기가 없어진다. 소설에서 남자는 서서히 시력을 잃어가는데 그러면 그럴수록 생각이 많아지기 시작하고, 나중에는 현실 세계를 직면하지 못하게 된다. 남자의 첫사랑이었던, 목가구를 만들던 여자에게 쓴 편지를 보면, 틈틈이 시간대별로 그녀가 그녀의 두 살배기 딸과 함께 무엇을 하고 있을지에 대한 내용이 나오는데, 이게 순전히 오랫동안 보지 못한 남자 입장에서의 '추측'이라는 점에서, 과연 저런 내용이 오랜만에 보내는 편지에 포함되어야 했을까라는 점에서 의구심을 자아냈다. 남자가 요아힘에게 쓴 편지도 보면, 그와 함께하는 동안 무수히 많은 논쟁과 인용이 있었음을 밝히며 그를 '스승'이라고 지칭한다. 그렇지만 요함임이 남자에게 철학적이라기보다는 문학적이라며 비판을 했던 순간을 떠올리며, 남자는 "네가 아닌 너만을 미치도록 그리워했으니까."(125쪽)라고 편지를 마무리한다. 그러니까 남자는 눈앞에서 스스럼없이 다가오던 요하임을 사랑하지 못하고, 자신의 상상 속 '아름답다' 여기는 그 요하임만을 사랑했음을 인정한 것이다. 물론 이 모든 것들은 그 당시 시력을 잃어가던 남자에게 합리적인 '방어책'이었겠지만, 남자의 고백처럼, 이는 어리석음 그 자체였을 테니까.

언젠가 너무나 늦은 나이에 군에 입대했던 나는 그 당시 연애 중이던 아내에게 '이별'을 암시하는 말을 심심치 않게 하곤 했었다. 지금 생각해보면, 매우 치사했는데, 이 암시가 늦깎이로 군에 가는 나에게 합리적인 방어책이었음은 분명했다. 이런 나의 어리석음에 아내는 내 자대가 있던 강원도 인제까지 한 달에 한 번씩 면회를 오는 것으로 응답했다. 대단하지? 지금 생각해도 이건 정말 놀랍다! 나는 왜 매달 강원도까지 150킬로미터를 달려와 면회를 올 정도의 마음을 먹지 못했는지, 얼마나 어리석었는지. 참. 소설에서 남자는 요하임과 헤어지고 스위스로 여행을 떠난다. 거기에서 전기수리공 임마뉴엘을 만나는데, 삼십 분 남짓 치즈케이크를 먹으며 소소한 대화를 이어가지만, 서로 연락처조차 교환하지 않은 채 잔잔한 호수만 바라보다가 헤어진다. 여기서 요하임을 전혀 닮지 않았지만, 그를 바라보며 일상적인 대화를 했던 남자의 태도 변화가 내게 인상적이었다. 그와의 헤어짐에서 무언가를 배웠다는 남자는 아마도 합리성을 가장해서 계산하지 않을 것, 현재 주어진 상황을 즐기며 그 자체로 현현(顯現)할 것, 미래에 대한 두려움과 조바심으로 지금의 행복을 망치지 않을 것, 뭐 이런 방어책에서 벗어나는 법들을 배우지 않았을까?

19
접촉

언어는 수십 배 육체적인 접촉이었다.

『희랍어 시간』, 55쪽

    여자는 나름 시집 세 권을 내고 서평지에 칼럼도 기고하는 인물로, 대학교를 졸업하고 출판사 편집대행사에서 일하며, 대학교에서 문학을 가르친다. 어릴 때부터 자음과 모음에 예민하게 반응했고 도서관에서 책에 탐닉했던 여자는 열일곱 살에 느닷없이 실어증(失語症)을 겪게 된다. 의사의 권유로 복학한 후, 수업 중 낯선 불어를 마주하고 나서야 겨우 실어증을 극복하게 된다. 20년 후, 서른일곱 살이 되어 어머니를 여의고, 남편과 이혼한 후 아홉 살 아들의 양육권까지 잃고 나서야, 여자에게 두 번째 실어증이 찾아온다. 이 일로 그녀는 병원에서 상담을 받는데, 의사의 요구에 못 이기는 척, 엄마가 장티푸스에 걸려 장기간 약을 복용했고 기형아를 낳을까 낙태를 고민했던 기억, 어릴 때 마당에서 한나절을 홀로 보내며 자음과 모음에 매료되었던 기억을 억지로 고백하지만, 그녀는 자신의 실어증이 이 기억들의 복합으로만 이해되어선 안 된다고 생각한다. 그러다가 열일곱 살, 낯선 언어 불어를 배우면서 실어증을 극복했던 기억을 다시 한번 더 상기하며, 소통할 수 없는 사어(死語) 희랍어를 배우기로 마음먹고 인문학 아카데미에서 '희랍어'를 신청한다. 하지만 이상하게도 두 번째 실어증은 불어보다 더 낯선 희랍어를 배우는 와중에도 조금도 나아지지 않는다.

나는 여자의 실어증을 보면서, 문득 낯선 상황에 처하면 온몸에 생기던 두드러기가 생각났다. 며칠씩 밤을 새거나 과도한 업무로 스트레스를 받으면 대상포진이 생기기도 했는데, 그 원인이 명확했던 대상포진과 달리 온몸에 생겼던 두드러기는 사실 지금도 그 원인을 잘 모르겠다. 두드러기가 나서 병원에 가면, 꼭 대상포진과 똑같은 원인, 가령 스트레스나 수면 부족, 잘못된 식습관 등을 원인으로 진단해서, 어안이 벙벙해진 채로 내 증상과 관련해서 더 이상 '할 말 없음'을 선언한 적도 있었다. 언젠가 유튜브에서 본 건데, 자현스님이 병원에서 의사가 '스트레스'를 원인으로 말하는 건, 더 이상 할 말이 없어서 던지는 최후의 보루 때문이라는 말이 생각난다. 그런데 나는 이 '할 말 없음'이 결국 소설에서 여자를 침묵하게 만들었다고 봤다. 그게 무슨 말이냐고? 여자는 정신과 진료 기록도 있고 수입도 불안정했기에 법정에서 어떤 말을 하더라도, 그간 누적된 법적 기록에 의거해 여자는 아들을 잃었을 것이니까. 아이가 유학을 가야 한다는 소식을 듣고 남편에게 무작정 전화했을 때도 여자는 아무 말도 하지 못하는데, 무슨 말을 하더라도 그 의미가 온전히 전달될 수 없었기에, 결국 아이는 유학을 갈 것이기에, 자신은 남편에게 미친년으로 비칠 가능성이 높았기에, 그랬기에 그녀는 침묵할 수밖에 없었을 것이라는 말이다.

김연수의 「케이케이의 이름을 불러봤어」를 보면, 통역사 혜미가 나온다. 혜미는 불치병으로 아들을 보내고 나서 한동안 침묵하는데, 남편 친구들은 그런 남편을 딱한 시선으로 바라보며 저렇게 침묵하는 아내와 대체 무슨 낙으로 사는지를 묻는다. 혜미의 침묵은 소설 속 여자가 아들의 양육권을 잃고 실어증에 걸린 것과 너무나 유사하지 않은가? 구구절절 무슨 말을 하더라도 상대방은 제멋대로 이해할 것이고, 제아무리 신중하게 단어를 선택하고 발화를 하더라도 그 어떤 긍정적 변화도 없을 것이기에. 그러니까 통역사, 칼럼니스트처럼 언어와 관련된 전문 직종에 종사하지만, 결국 자신들이 자신만만해하는 그 언어로부터 폭력적으로 결정된 결과의 피해자가 될 뿐이었으니 말이다. 생각해보면, 나도 두드러기가 났을 때, 되도록 대화 상황에서 침묵을 선택했는데, 그게 뭐 정말 아파서라기보다는 구구절절 내 상황과 증상을 말하는 게 힘겨워서, 내가 어떤 말을 하더라도 제멋대로 이해하고 믿어버릴 사람들의 그 결정성이 두려워서였던 것 같다. 왜 꼭 우리는 그럴 때마다 모두 스트레스 운운하는 의사로 빙의되는 건지.

토니 마이어스는 『누가 슬라보예 지젝을 미워하는가』에서 "모든 기호가 모든 지시 대상과 일치한다면, 결코 의미화 연쇄는 존재하지 않을 것"(63쪽)이라고 말했다. 이 책에서는 기호와 지시 대상이 불일치하면 결국 주체가 죽는다고, 주체가 죽으면 우리는 로봇일 뿐이라고까지 말한다. 어떤 말을 듣고 모두 똑같이 이해한다면, 정말 우린 인간이 아니라 로봇일 것이다. 서로가 기호로 표현된 언어를 다르게 이해하기 때문에, 우리는 인간일 수 있고 문학이 문학일 수 있을 것이다. 그런데 이런 주장이 '다양성'을 전제한다면 가슴에 와닿는 따뜻한 말이지만, 이해다툼이 걸려 있는 상황에서라면, 도리어 비겁한 정당성을 준다는 점에서 차가운 말이 된다. 법정을 생각해보면, 그건 다양성을 존중하는 공간이 아니라 승패가 전제된 의미 충돌의 공간임을 기억해야 하기에. 여자가 소설에서 '언어'를 '몸짓'보다 "수십 배 육체적인 접촉"(55쪽)으로 마치 더 극심한 육체노동처럼 비유한 건, 그런 이유였을 것이다. 소설 말미에 그 어떤 언어적 표현 없이 접촉 그 자체만으로 남자와 소통하는 모습은 그래서 너무나 아름다웠고 말이다. 가끔씩 생각하는 거지만, 나는 좋은 사람과 있으면 비교적 입을 닫는 편이다. 일종의 선택적 실어증이랄까? 그냥 서로를 바라볼 때 만들어지는 바이브(vibe)면 충분할 때가 있으니. 꼭 그럴 때는 오히려 말이 분위기를 깨고 군더더기가 되어버리기도 하니까. 그런 건 또 너무 싫으니까.

20
소통

틀려버리고 말 것 같다고 느낀다.
그것이 정말로 두렵다고 느낀다.

『희랍어 시간』, 182쪽

　어느 날, 인문학 아카데미 건물 안으로 작은 박새 한 마리가 들어온다. 그 박새를 먼저 발견한 여자는 가방을 휘두르며 박새를 밖으로 유도하지만, 이를 위협으로 이해한 박새는 오히려 지하로 더 깊숙이 내려간다. 그때 막 학원에 도착한 남자는 지하를 보고 있는 여자에게 다가갔다가 거기에 남겨진 박새를 발견한다. 그 사이 여자는 남자의 물음에 대답하지 않고, 강의실로 훌쩍 올라가버리는데, 그 박새를 거기에 둘 수 없었던 남자는 조심조심 아래로 내려간다. 남자 덕분에 새는 지하를 벗어나지만, 그 덕분에 넘어진 남자는 쓰고 있던 안경까지 깨져 한 치 앞도 보지 못하게 된다. 꽤 오랜 시간 강의실로 올라오지 않는 남자가 걱정된 여자는 다시 지하실로 내려가서 더듬더듬 손으로 더듬으며 한 계단씩 올라오는 남자를 부축해 지상으로 끌고 올라온다. 무엇보다 앞을 보는 게 중요했던 남자는 오른손에서 피를 흘리면서도 안경점부터 가자고 하지만, 여자는 남자를 병원부터 데려간다. 그렇게 병원 응급실에 들렀다가 남자의 방으로 같이 온 여자, 그때부터 남자는 이런저런 말을 두서없이 던지기 시작한다. 혼잣말 같은 남자의 말을 들으며 여자는 여자대로 자신의 기억을 떠올리는데, 그렇게 그 둘은 소통하며, 간혹 필담으로 대화하다가 입을 맞춘다.

나는 남자가 실명 상태에서 조곤조곤 여자에게 말을 하는 부분이 꼭 '노래' 같다고 생각했다. 뜬금없나? 김중혁은 『모든 게 노래』에서 "결국 음악을 듣는 것은 사람을 듣는 거로구나."(102쪽)라고 고백한다. 젊었을 때는 노래를 그저 멜로디로만 들었다면, 나이를 먹고 나니까 노래가 결국 누군가의 이야기로 들리더라는 것이다. 소설에서 남자는 여자한테 독일로 이주했던 첫해, 아버지만 빼고 여동생, 어머니하고 같이 이탈리아로 여행을 갔던 이야기를 한다. 그때 카타콤베 묘지에 갔는데, 가이드가 사실은 동굴 속이 하나의 거대한 무덤이라고, 실제 이 흙은 대부분 칼슘과 인 성분으로 구성되어 있다고 설명한 기억을 떠올린다. 가이드한테 이 말을 듣고 남자는 웃으면서도 토할 것 같았다고 그 당시 상황을 말하는데, 그 말을 듣는 순간 여자도 자신이 토했던 순간을 떠올린다. 재판에서 아이를 잃은 직후 일주일 만에 아이를 다시 만났을 때, 그 답답함, 미치겠음, 패배감, 그리고 그 구토에 대해서 말이다. 왜 우리도 노래를 들으면서 떠오르는 어떤 기억들이 있지 않나? 그 노래의 멜로디와 가사가 우리로 하여금 무언가를 떠올리게 만드는 것들 말이다.

수전 손택은 『해석에 반대한다』에서 "지금 중요한 것은 감성을 회복하는 것이다. 우리는 더 잘 보고, 더 잘 듣고, 더 잘 느끼는 법을 배워야 한다."(34쪽)라고 말했다. 예전에 계절학기로 개설된 글쓰기 수업을 이공계열 학생 하나가 수강했다. 그때 항상 심드렁했던 그 학생 표정이 마음에 걸려 쉬는 시간에 조심스럽게 수업이 어떠냐고 물은 적이 있었다. 뭔가를 골똘히 생각하던 그 학생은 문학이라는 게, 또 감성이라는 게, 하나의 비현실적 환상 같다는 말로 나를 적잖게 당황시켰다. 자신은 당장 4학년이라서 취업을 해야 하는데, 이런 수업이 자신에게 왜 필요한지 모르겠다고도 말했다. 그런데 그 학생의 대답을 들으면서 나는 역설적이게도 수전 손택의 지적, '감성의 회복'이 필요하다는 바로 그 주장이 생각났다. 구구절절한 말들이, 혹은 지나치게 풍부한 설명들이 오히려 뻔할 뻔자라는 확신을 만들고, 감성적 해석의 여지 자체를 줄여버리는구나. 다시 말해서 기억하고 소통할 가능성 자체를 배제해버리게 만드는구나. 여기서 중요한 건 감성이구나, 하고 말이다.

실어 상태에 있는 여자와 실명 상태에 있는 남자의 사랑 이야기는 너무나 풋풋했다. 아마 무수히 많은 연애 예능에서 발견되는, 언어가 꼬리에 꼬리를 물고 오해의 늪으로 물고 늘어져 결국에 자신들이 지금 왜 다투고 있는지 알지도 못하는 상태까지 가는, 자칭 사랑이라고 둘러친 프로그램들에 지쳐버렸기 때문일지도 모르겠다. 볼 수도 없고, 말할 수도 없지만, 이 둘의 접촉은 그 자체로 너무나 아름다웠다. 물론 남자는 여자의 어깨를 안으며 자신이 틀려버릴 것 같다고 연신 불안해하지만, 요하임과의 소통 실패를 반복하지 않겠다는 듯, 남자는 여자에게 성큼성큼 다가간다. 그렇게 볼 수 없는 남자는 말하고, 말할 수 없는 여자는 듣는다. 때에 따라 말할 수 없는 여자는 남자의 손에 쓰고, 볼 수 없는 남자는 다시 생각한다. 그렇게 서로 사랑한다. 무수히 많은 메신저, 무수히 많은 사교 모임, 무수히 많은 관계들 속에서도 우리는 정작 진정한 소통 부재에 시달리지 않나? 이런 사랑이, 이런 소통이 가능하려면 수전 손택의 말처럼 일단 '감성'부터, 바로 그 예민한 감각(sense)부터 회복되어야 하지 않을까? 신형철은 『슬픔을 공부하는 슬픔』에서 "확신에 차 있을 때 우리는 생각하지 않는다."(124쪽)라고 말했는데, 이런 사랑은 이성적 확신에서 벗어나 때로는 감각적 감성에 전적으로 의존했을 때만 비로소 느낄 수 있을 테니까. 당신은 얼마나 느끼면서 소통할 수 있나요?

21
연결

고립이 완고해질수록 뜻밖의 기억들이 생생해진다.
「나」, 『흰』, 23쪽

'나'는 봄에 '흰 것'에 대해 쓰려고 갓난아기가 덮는 '강보'부터 시신에게 입히는 '수의'까지 흰 것들의 목록을 작성한다. '나'는 '흰 것'이 무엇을 의미하는지 답하기 어렵다는 걸 느끼고 8월 낯선 나라의 낯선 수도로 떠난다. 두 달 후 겨울을 보내기 위해 301호로 집을 다시 옮기는데, 흰색으로 페인트칠을 하며 핏자국처럼 보이던 301호를 지워버린다. '나'는 외국어로 도배된 낯선 도시에서 고립되어 살다가 기념관 영사실에서 영상 하나를 보게 된다. 거기에는 2차 세계대전 중 히틀러의 공격으로 도시의 95퍼센트가 파괴된 내용이 담겨 있었는데, 그러고 보면 이 도시에는 모든 게 파괴되어 70년 이상 된 게 없다고 생각하며 이때 처음으로 죽은 '그녀'를 떠올린다. '그녀'는 조산으로 여덟 달 만에 태어났다가 두 시간 만에 죽은 '나'의 언니이다. "죽지 마라 제발."(19쪽) 엄마의 간절한 바람에도 '그녀'는 엄마가 짠 흰 배내옷을 입고 죽었다. 때마침 '나'는 기사를 하나 읽는데, 벨기에로 입양된 동생을 날마다 찾아와 낯선 말을 건네는 어떤 혼에 대한 이야기였다. 사실 그 혼은 동생의 친형이었는데, 그 형이 한 말은 유대인이 모여 살던 지역에서 독일군에게 목숨을 잃기 직전, 공포에 질려 뱉은 말들이었다. 이 기사를 읽고 '나'는 '그녀'도 죽은 후 나를 찾아왔을까? 자문하며 그 순간부터 자신이 아닌 '그녀'가 이 도시에 있다고 생각한다.

2001년 1월 신오쿠보역 선로에 일본인 취객 한 명이 떨어진다. 그때 일본에서 유학 중이던 이수현 씨가 그 취객을 구하기 위해 선로에 내려갔다가 목숨을 잃는다. 당시 나는 고등학생이었는데 이수현 씨 관련 기사를 읽으면서 문득 그분과 내가 연결되어 있다고 느꼈었다. 무섭게 그게 무슨 말이냐고? 그때는 토요일에 수업을 안 하고 동아리 활동을 하던 시절이다. 평소처럼 친구들과 학교 밖 헬스장에서 헬스 동아리 활동을 하고 학교로 복귀하는 중이었는데, 너무나 작디작은 할머니 한 분이 무가 든, 기다란 포내 사루를 어깨에 메고, 두 손에는 더 무거운 짐을 들고 비틀비틀 힘겹게 걸어가는 게 아닌가. 나는 그게 너무 불안해 보여서 일말의 고민도 없이 그 할머니에게 홀리듯이 다가갔는데, 같이 학교로 돌아가던 친구들도 처음에는 의아해하다가 모두 나를 쫓아 그 할머니에게 향했다. 우리 세 명은 각자 하나씩 할머니의 짐을 나눠 들고 할머니 집까지 이런저런 이야기를 하며 걸어갔었다. 처음에는 도둑인가 싶어 경계하던 할머니도 우리랑 같이 이런저런 이야기를 나누며 연신 고맙다고 말씀하시던 게 생각난다. 힘들다기보다는 너무 즐거웠던 기억으로 남아 있는데, 그때 '의협심'이라고는 전혀 없던 내가 할머니에게 다가갈 수 있었던 건, 이수현 씨와 내가 연결되어 있었기 때문이다. 농담이 아니라 거기에, 그 현장에 그분이 계셨다. 자꾸 무섭게 왜 그러냐고?

소설에서 엄마는 갑자기 찾아온 진통에, 혼자 물을 끓이고 가위를 소독하며 흰 천으로 '그녀'가 입을 배내옷과 강보로 쓸 홑이불을 주섬주섬 만든다. 그리고 태어난 '그녀'한테 그 배내옷을 입히고 홑이불을 덮어주는데, 이때 '그녀'는 오직 둘만 아는 '냄새'로 엄마와 '연결'된다. 아마 엄마는 '그녀'가 죽고 나서도 그 비슷한 '냄새'라도 어디서 맡으면, 바로 '그녀'를 떠올리지 않았을까? 이 세상에 단 두 시간만 존재했다는 '그녀'를 말이다. 그 낯선 도시에서 아스라이 안개가 피어오르는 어둠을 넌지시 보며, '나'는 그 어둠 속에도 흰 게 있다고 생각하는데, 그러면서 갑자기 살아 있는 '동생'과 죽은 '형의 혼'이 동거했다는 기사 이야기를 한다. 그 낯선 도시의 언어도 모르고, 형이 존재하는지도 몰랐던 동생과 그 낯선 도시의 언어로만 말을 건네며 찾아오던 형이 오랫동안 '연결'되어 있었다는 이야기를 말이다. 그때부터 그 도시에 존재하는 건 '나'가 아니라 '그녀'가 되는데, 문득 무심코 잊고 살았지만, 얼마나 많은 사람들이 나와 연결되어 있었을까? 그리고 나는 알게 모르게 연결되어 있었던 그분들을 또 얼마나 잊고 살았을까? 괜스레 묻게 되었다는 말이다.

그러니까 이제 알겠지? 이수현 씨는 20년이 넘은 지금까지도 나와 그렇게 연결되어 있었던 셈이다. 왜냐하면 지금도 버스에서 할아버지, 할머니께 자리를 양보할 때, 가끔씩 이수현 씨가 생각날 때가 있기 때문이다. 김연수의 「당신들 모두 서른 살이 됐을 때」를 보면, "우리가 만날 때는 서로 만나기로 약속한 사람처럼 만난다."(104쪽)라는 문장이 있다. 어떤 상황, 맥락이 주어지면, 마치 약속한 것처럼 여지없이 떠오르는 사람들이 있는데, 나는 그 기억이 곧 '연결'이라고 생각한다. 마치 무를 짊어지고 힘겹게 걸어가시던 할머니를 보면서, 꼴에 그분을 돕겠다고 내가 용기를 낼 수 있었던 건, 그건 정말 그분, 이수현 씨 덕분이었으니까. 지금도 내가 뭔가 선한 일을 한다면, 그건 그 맥락에 여전히 연결되어 있는 분들 한 분, 한 분 덕분일 것이다. 전혀 모르는 사람, 언어도 완전히 다른 일본인을 향해 이수현 씨가 용감하게 몸을 던질 수 있었던 건, 그분도 역시 누군가와 연결되어 있었기 때문이 아니었을까? 우리가 누군가를 잊지 않아야 하고, 추모하는 걸 소홀히 하면 안 되는 이유가 바로 여기에 있다. 누군가를 기억하고 있다는 건, 그 사람과 여전히 연결되어 있다는 것. 누군가와 연결되어 있다는 건, 다시 그 사람을 기억하고 있다는 것. 그리고 바로 이게 우리를 용감하게 만들 수 있다는 것. 바로 이 때문이다.

22
재건

그녀는 자신의 재건에 빠진 과정이
무엇이었는지도 알게 되었다.

「그녀」, 『흰』, 109쪽

'그녀'는 '나'가 있는 도시, 1년의 절반이나 눈이 내린다는 그 도시를 걷는다. 눈에 대해서 뭐라도 쓸까 고민하며 '성에', '서리', '눈', '눈송이들', '만년설', '진눈깨비', '눈보라' 등을 보면서 생각한다. 그러다가 시골 본가 옆 이웃이 키우던 '흰 개'를 떠올리는데, 그 개는 사람이 와도 짖지 않고 목줄을 질질 끌고 도망가기 바쁜 겁쟁이였다. 다음에 본가에 갔을 때 그 개가 죽었다는 말을 듣는데, 모진 일을 당했을 거라는 엄마 말에서 우리가 기억해야 하는 게 '겁쟁이'가 아니라 '모진 일'임을 상기시킨다. '그녀'는 그 낯선 도시의 밤에도 생각하기를 멈추지 않는데, 어둠에서 드러나는 빛에 대해 말하며, '달', '불빛들', '반짝임', '흰 돌', '백열전구',

'백야', '빛의 섬'에 대해 생각한다. 특히 12월의 어느 밤, 불면증에 시달리다가 아홉 살 때 작은아버지 배에서 봤던 '멸치 떼'를 떠올린다. 멀미를 하던 중에도 선명하게 드러나던 그 수천 개의 은빛들을 말이다. 낮에 '그녀'는 도시 이곳저곳을 다시 걸어 다니는데, 그러다가 '나'가 '칠삭둥이'로 태어나 새벽이 돼서야 엄마의 첫젖을 겨우 빨았던 기억을 더듬는다. 죽음의 '경계'에서 삶의 경계로 넘어왔던 그 기억을 떠올린 것이다. '흰나비'의 나풀거리는 움직임을 상상하며 '혼'의 움직임도 이와 같을 거라 말하고, '그녀'가 이제 곧 자신을 떠날 것 같다고 어렴풋이 느낀다.

대학교에 입학하고 나서 제일 먼저 했던 건 '걷기'였다. 인도와 차도가 따로 구분되어 있지 않은 곳에 살았기에 나에게 인도와 차도가 정확하게 구획된 서울은 하나의 거대한 산책로였다. 수업이 조금 일찍 끝나면, 음악을 들으며 충무로역 쪽으로 걸어 나와 명동으로 향했다. 명동을 지나 서울역으로, 서울역에서 다시 서대문으로 갔다. 서대문에서 독립문을 지나 불광동으로 가면 거기에 — 지금은 사라진 — 서부시외버스터미널이 있었다. 거기에서 버스를 타고 집으로 들어갔다. 그때 빼곡한 마천루, 기어다니는 자동차, 쏟아지는 사람들을 보면서 나는 생각하고 또 생각했다. 다만 지금 돌이켜보면, 이 모든 것들이 하나의 이미지로만 남아 있는데, 그건 마천루 뒤로 보이던 벌건 노을, 부글부글 열을 내뿜는 시뻘건 자동차, 얼굴이 빨갛게 익은 사람들의 볼 따구니 때문이다. 그때 그 느낌을 글로 쓴 게 고스란히 싸이월드에 남아 있을 텐데, 지금은 접근할 방법이 없으니 너무 아쉽네. 나는 그때 무슨 생각을 했었을까? 싸이월드야 빨리 살아나라! 내 볼? 물론 나도 시뻘겋겠지, 동국대학교에서 불광동까지 무려 10킬로미터를 걸어왔으니 말이다.

지난 연말, 지도교수님과 저녁식사를 하고 식당을 나서는데, 오랜만에 갑자기 집까지 걸어가고 싶어졌다. 씩씩하게 10킬로미터를 걷던 시절을 지나 이제 나도 나이가 꽤 들었지만, 충무로역을 지나다 보면 이따금 그런 충동을 받을 때가 있다. 지도교수님 댁과는 지하철역 한 정거장 차이라서 보통 식사를 하면 같이 지하철을 타고 이런저런 이야기를 하면서 함께 집에 갔었다. 그런데 그날은 왠지 혼자 걷고 싶은 마음에, 음악을 들으며 오랜만에 식당에서 나와 충무로역부터 걷기 시작했다. 물론 날씨가 너무 추웠고 눈도 내렸기 때문에 걸어가면서 후회하지 않았다면 거짓말일 것이다. 하지만 한결같이 빼곡한 마천루, 늘 넘쳐나는 자동차, 날씨에 아랑곳하지 않고 쏟아져 나오는 사람들을 보면서 그 생각을 정정했다. 왜냐하면 그렇게 명동을 지나 서울역에 가고, 다시 서울역을 지나 서대문에 가고, 거기서 다시 독립문을 지나 홍제동으로 가면서 "자신의 재건에 빠진 과정이 무엇이었는지도 알게 되었"(109쪽)기 때문이다. 그 '재건'에서 내가 누락했던 것은 무수히 많은 '왜곡'들이었다.

박사 논문을 쓸 때였나? 퇴근하고 집에 오면 저녁 5시나 6시, 저녁을 먹고 한 시간쯤 잔다. 그러고 나서 저녁 8시쯤부터 다음 날 아침 6시나 7시까지 논문을 쓰고, 아침도 안 먹고 — 배탈이 자주 나서 — 중앙대학교로 한국어를 가르치러 출근하던 시절 말이다. 중앙대학교 수업이 끝나면, 다시 동국대학교로 와서 연구소 일을 도왔다. 그러고는 다시 집에 와서 저녁을 먹고 한두 시간만 잔 후, 밤새도록 논문을 썼다. 저런 식으로 몇 주를 보냈기에, 나는 박사 논문을 생각하면 후일담으로 순전히 '나'만 떠올렸었다. 그런데 이게 완전한 왜곡이었다는 사실을 눈 속을 걸으면서 새삼 알게 된 것이다. 새벽 어스름에 들리던 베란다 창 너머 새소리, 그리고 새 아침 운행을 알리는 버스의 브레이크 소리, 동이 트며 서서히 밀려들어오던 새벽빛과 졸릴 때마다 들었던 나의 플레이리스트들. 어디 그뿐인가? 나 때문에 잠을 못 자고 뒤척이다 조용히 나와서 간식을 주고 가던 아내, 새벽에 자다 깨서 나와 눈이 마주치자 "나 자는 중, 엄마한테 비밀~!" 이렇게 외치며 자기 방으로 화들짝 달려 들어가던 딸아이까지. 집으로 걸어오면서 나 중심으로 왜곡되어 있던 기억들이 신기하게도 하나둘씩 말을 걸기 시작했다. 이 소설에는 파편적이지만 여러 번 반복되는 이야기가 있는데, 나는 이 반복이 왜곡을 막기 위한 몸부림으로는 최고라고 생각했다. 언젠가 인생이 너무 왜곡됐다 느껴질 때면, 다시 이어폰을 꽂고 길을 나서 걸어보리라. 그리고 하나하나 반복하고 더듬으면서 그것들을 다시 재건하리라. 그렇게 기억하고 또 기억해야지. 그런데 말이야. 갑자기, 당장 걷고 싶어지는 건 왜지?

23

영원히

모든 흰 것들 속에서 당신이 마지막으로 내쉰 숨을
들이마실 것이다.

「모든 흰」, 『흰』, 135쪽

팔삭둥이로 태어난 '그녀'와 그보다도 달수를 채우지 못한 '오빠'는 조산으로 죽는다. 3년 후 칠삭둥이로 태어난 '나'는 4년 후 태어난 '남동생'을 언급하며 '그녀'와 '오빠'가 태어나지 않았기에 우리가 태어날 수 있었다고 생각한다. 그래서 뜻대로 되지는 않았지만 '나'는 '그녀'가 되어 깨끗한 '흰 것'을 보여주고 싶었다고 고백한다. '나'는 스무 살 무렵, 아버지에게 '그녀'를 어떻게 묻었는지 듣게 되는데, '그녀'가 입었던 배내옷이 수의였고, 그녀를 둘러싼 강보가 관이었음을 알게 된다. 만약 언니가 죽지 않고 살았다면, 어땠을지를 상상하면서 여름에 떠났던 서울에 겨울이 되어 다시 돌아온다. 결혼하는 남동생과 죽은 엄마를 모신 남해 근처 절에 가 남동생의 예비신부가 준 흰 무명 치마저고리를 바위 위에 올려놓고 태운다. 망자가 내려와 저 옷을 입을까? 자문하며, 저 연기를 마셔주기를 바라며. '나'는 길었던 하루가 끝나면 반드시 '침묵'이 필요하다고 말하며, 이제 열세 살이 된 딸아이를 보면서 다시 '언니'를 생각한다. 꼭 언니라는 발음이 아기의 아랫니를 닮았다며. 죽지 말고 꼭 살라는 말과 함께 이제 자신은 모든 흰 것들에서 '그녀'를 보겠다고 말하고 작별한다.

김중혁은 『바디무빙』에서 영화 〈보이후드〉를 소개하며, 어머니 역할로 등장한 퍼트리샤 아퀘트가 한 말 "난 그냥, 뭔가 더 있을 줄 알았어."(167쪽)를 우리 삶의 '순간'과 연결시킨다. 김중혁의 말처럼, 인생은 뭔가 더 있을 줄 알고 사는 게 맞다. 그렇지만 살아본 사람이면 누구나 알 듯, 분명하게 뭔가 더 있는 경우는 극히 드물다는 게 문제다. 그래서 김중혁은 마치 하늘로 치솟았다가 땅으로 떨어질 야구공으로 우리 인생을 비유하면서 야구공이 공중에 있을 때, 바로 그 순간에 주목해야 한다고 지적한다. 그 순간을 지나쳐버리면, 우리가 할 수 있는 말이란, 고작 "난 진짜, 그 뒤에 뭐가 더 있을 줄 알았어." 그뿐 아니냐며. 소설에서 '나'는 서울로 돌아온 후에, 팔삭둥이로 태어나 두 시간 만에 죽은 '언니'에게 — 소설에서 '그녀', '당신'으로도 등장하는 — 그러니까 죽지 말고 살라고 말하며, 앞으로 "모든 흰 것들 속에서"(135쪽) 당신의 숨을 마시고, 당신을 보겠다고 고백한다. 내게는 이 말이 김중혁

식으로 말하자면, 내 삶에서 포착할 수 있는 모든 순간마다 당신을 기억하겠다는 말로 들렸다. 그러니까, 다 똑같아 보여도 흘러가는 시간 속에서 어떤 순간에 점령당한 사람만이 흘려보내지 않고 뭔가를 볼 수 있는데, 자신은 그런 식으로 언니를 기억하겠다는 말로 들린 것이다.

　신형철은『느낌의 공동체』에서 사진작가 로버트 카파의 말을 인용한 적이 있다. "만약 당신의 사진이 만족스럽지 않다면, 그것은 충분히 가까이 가지 않았기 때문이다."(81쪽) 이 말은 좋은 사진을 찍고 싶다면 피사체에 더 가까이 다가가야 한다는 말이다. 김중혁이 한 말로 다시 표현하자면, 순간의 찰나에 가까이 가지 못하면 아무리 좋은 사진기로 촬영하더라도 좋은 사진을 건질 수 없다는 말이 된다. 현재 소중한 사람들 중에서 돌아가신 분은 할머니가 유일하다. 그나마 다행이지? 할머니가 돌아가시고 할머니 생각을 참 많이 했다. 결혼한 직후 아내가 할머니께 괜찮은 전기밥솥을 사다 드린 적이 있는데, 그래서 그런가, 마트 전자제품 코너에서 우연이라도 밥솥을 이렇게 보면, 놀랍게도 거기에는 할머니가 계신다. 할머니가 밭에서 김매고 계실 때 다가가서 이런저런 말을 던지면 할머니는 항상 6·25전쟁 이야기를 해주셨는데, 그래서 그런가, 6·25전쟁을 다룬 영화나 다큐멘터리를 보다 보면 거기에도 할머니가 계신다. 그럼 나는 마치 할머니의 혼이라도 본 것처럼 깜짝깜짝 놀라기도 한다. 나는 그래서 모든 흰 것들에서

'그녀'를 보겠다는 말을 이해할 수 있었다. 할머니 감사합니다.

그런 게 다 무슨 의미가 있냐고? 김애란의 『바깥은 여름』을 보면, 교통 정보를 방송하면서 '노량진' 이야기에 갑자기 울컥하는 도화라는 인물이 나온다. 노량진? 그게 뭐가 특별하다고. 그거 그냥 회나 먹는 데 아냐? 그런데 다른 사람에게는 다 똑같은 노량진일지 몰라도 도화에게는 헤어진 연인과의 시간이 고스란히 담겨 있는 곳이 바로 노량진이다. 우리가 잊고 산다고 '그/그녀'가 없어진 게 아니라는 말이다. 여전히 누군가에게는 거기에 그/그녀가 그런 식으로 존재하고 있기 때문이다.

우리는 결혼하고 이사를 다섯 번이나 했다. 그런데 이사를 하면서도 아내가 결혼할 때 예물로 줬던 정장을 항상 가지고 다녔다. 결혼하고 나서 1, 2년을 제외하면, 체중이 불면서 입지도 못했었는데, 이상하게도 그 정장을 차마 버릴 수 없었다. 그 정장에는 20대였던 아내가 여러 백화점에 나를 데리고 다니며, 원하는 정장을 전부 사주겠다고 호언장담을 하던 모습이 고스란히 담겨 있기 때문이다. 영원히? 소설에서 죽은 엄마를 위해 남해까지 내려가 흰 무명 치마저고리를 태우는 모습에서 다시 한번 깨달았다. 그게 무엇이든, 그것에서. 그게 어디든, 거기에서. 그 숨을 들이마실 수 있으면, 영원하다는 걸. 우리는 그렇게 영원히 함께 살 수 있다는 걸 말이다.

24

의미

난 벌써 시작했는데. 지난번에 너 다녀가고 나서 바로.

「실」, 『작별하지 않는다』, 53쪽

경하는 5·18 민주화운동에 대한 책을 준비하면서 악몽을 꾸기 시작한다. 2014년 여름, 책을 출판하고 나서도 악몽에서 벗어나지 못하고, 직장, 가족과도 모두 작별한다. 일상생활에서도 저격수가 총구를 겨냥하고 있다는 착각이 들 정도로 심한 정신적 충격을 받았기 때문이다. 2018년 여름, 견디지 못하고 서울 근처 아파트로 이사를 와 유서를 쓰기 시작한다. 그러다가 오랜 친구 인선한테서 낯선 병원 이름과 함께 지금 와달라는 연락을 받는다. 인선은 제주도 작업실에서 혼자 목공 작업을 하다가 손가락 두 개가 절단되어 서울로 이송된 상태였다. 원래 인선은 사진가로 잡지사에서 3년을 경하와 같이 일했고, 그 후 20년 동안 친구로 지냈다. 인선은 잡지사에서 나온 후 다큐멘터리 감독으로 이름을 알렸는데, 베트남 전쟁에서 한국군에게 성폭행을 당한 생존자 이야기, 만주에서 독립군 활동을 했으나 치매에 걸린 할머니 이야기, 그리고 1948년 제주의 흑백 영상과 자신의 인터뷰로 갈무리된 다큐멘터리를 발표한다. 이 세 편을 엮어 '삼면화'라는 제목의 장편영화를 기획하던 인선은 돌연 작업을 중단하고 목수학교에서 목공을 배운 후 어머니가 있는 제주도로 들어간다. 2014년 인선 어머니의 장례식에서 만난 경하는 자신의 악몽 이야기를 하면서 악몽에서 벗어날 요량으로 새로운 프로젝트를 제안한다.

우선 저 프로젝트가 무엇인지부터 말해야겠다. 경하는 악몽에 시달리고 있었다. 벌판에 우듬지가 잘린 검은 통나무 수천 그루가 있고 그 뒤에는 여러 봉분들이 있는데, 여기에 바닷물이 세차게 들이치기 시작하는 악몽 말이다. 경하는 인선 어머니의 장례식에 참석해서 이 이야기를 인선한테 하고, 그러면서 세차게 들이치는 바다가 아닌 나무를 덮어주는 '눈'에 주목하며, 통나무 아흔아홉 그루를 심고 그 나무에 까맣게 먹칠을 한 후, 눈이 오기를 기다려 그 과정과 풍경을 짧은 다큐멘터리로 만들어보자는 제안을 인선한테 한다. 잠자코 듣던 인선도 오케이 사인을 냈는데, 시산이 흘러 흐지부지된 줄 알았던 그 프로젝트를 인선은 경하 몰래 진행하고 있었던 것이다. 그 꿈의 의미가 그게 아닌 것 같다고, 그러므로 그 작업은 이제 필요 없다고 연신 말하는 경하를 보면서. 문득 김연수의 「진주의 결말」에 나오는 다음 문장이 생각났다. "누군가를 이해하려 한다고 말할 때 선생님은 정말로 상대를 이해하려고 하는 것인가요, 아니면 상대를 이해하지 못하는 자기 자신을 이해하려고 하는 것인가요?'(85쪽) 경하는 미안하다고 말하며, 인선의 오해를 이해하는 것처럼 행동하지만, 사실 경하는 인선을 이해하지 못하는 자기 자신만을 이해한 게 아니었을까?

대학 사회에 있다 보니까 공동 연구를 제안하는 분들이 정말 많다. 진지한 표정으로 공동으로 연구 사업을 같이 해보자고 제안하시는 분도 많고, 그래서 실제 같이 한 적도 있다. 그런데 실제 척척 진행되는 경우는 손에 꼽을 정도로 적고, 소설 속 경하처럼 바뀐 이유를 근거로 흐지부지되어 결국에는 시작조차 못 하게 되는 경우가 훨씬 많다. 여기서 생각해봐야 하는 건, '의미'가 본래 맥락에 따라 달라진다는 점이다. 인도에 살 때, 난처했던 경험이 굉장히 많았는데, 한국에서는 고개를 상하로 끄덕이는 게 'yes' 아닌가? 그런데 그 똑같은 행위가 인도에서는 'no'를 의미한다. 반대로 고개를 좌우로 흔드는 게 오히려 'yes'란다. 사이클릭샤를 타고 '20루피'에 타협이 됐다고 믿고 갔는데, 도착지에서 자신은 'yes'라고 말한 적이 없다는 기사한테 울며 겨자 먹기로 '50루피'를 주고 내려야 했던 적이 있었다. 맞다, 여기서 끄덕이는 건 그런 의미가 아니지. 의미란 본래 그런 것이지만 매우 씁쓸했던 기억들. 아마 소설에서 경하도 유서를 쓰러 이사를 갔기에, 그 바뀐 맥락에서 그 악몽의 의미를 다르게 해석했을 것이다. 그러니 더 이상 인선과의 프로젝트는 무의미했을 것이고.

　김중혁은『뭐라도 되겠지』에서 다음과 같은 말을 했다. "결국 삶이란 선택하고 실패하고, 또 다른 걸 선택하고 다시 실패하는 과정의 연속이다."(306쪽) 원래 작년 여름에 출판한『이유 없는 다정함 : 김연수의 문장들』을 지인한테 소개받았던 출판사에서 출판하려고 했었다. 그런데 그때 하도 의미심장한 말들을 듣게 되면서, '굳이 내가 이 책을 내야 하나?'라는 식으로 출판의 '의미'를 스스로 '격하'시키고 돌연 책을 안 내기로 결심했었다. 그러던 중 꼭 열두 번째로『뭐라도 되겠지』를 다시 읽다가 왜 꼭 그 출판사여야만 하는가?라는 아주 근본적이면서 매우 기초적인 질문을 하게 됐다. 그리고 나서 그해 초 네 개 출판사에 아무 생각 없이 심드렁한 메일을 보냈는데, 그중 두 곳에서 긍정적인 회신이 왔고, 그중 한 곳에서 출판을 하게 되었다. 의미를 바꿔서 안 하기로 결심하는 건, 사실 너무나 쉽지 않나. 반대로 시작할 때의 의미를 바꾸지 않고 꾸준하게 유지하며 뭔가를 해나가는 건 그래서 더 어려운 것 같다. 하지만 그렇기에 해야 한다. 그런 사람들만이 누구도 쉽게 할 수 없었던 일들을 벌일 수 있고, 그 결과를 정지하게 회수할 수 있게 되는 거니까. 프로젝트는 물론이고, 추모와 애도까지도, 그럴 때에야 비로소 모두 가능해지는 것들.

25
기억

그런데 왜 작별을 한 것처럼 마음이 흔들리는가?

「새」, 『작별하지 않는다』, 122쪽

　　병원에서 인선은 경하에게 자신이 키우는 앵무새 '아마'가 살아 있는지 살펴주고, 살아 있다면 물을 주라는 부탁을 한다. 제주도에 내려 제주도 중산간(中山間)까지 가는 지선버스를 타기 위해 일주버스를 타고 P읍으로 간 경하, 가는 길에 인선이 해준 말을 떠올린다. 열여덟 살, 자신에게 무조건적이었던 엄마의 태도에 괜히 반감이 들어 가출했었다고. 그랬다가 축대에서 떨어져 병원에 실려 갔고, 엄마를 다시 만났는데 엄마는 꿈 이야기를 했다고 말이다. 그 후에도 엄마는 자신의 초등학교 6학년 때 이야기를 했으며, 인선은 그 꿈 이야기를 이후에도 여러 번 들었다고 고백한다. 둘은 이 이야기를 기점으로 사적으로 조금 더 친해진다. 경하는 오후 4시경 P읍에 도착해서 정류소까지 눈을 헤치고 걸어간다.

거기서 인선 어머니를 연상시키는 지팡이를 짚고 선 노파를 만난다. 경하는 버스를 기다리며, 지난가을 앵무새를 만나고 온 후 자신이 새에 대해서 다각도로 공부했던 기억을 떠올리고, 새는 하루만 물을 못 마셔도 위험하다는 사실을 기억하며 조바심을 낸다. 갈팡질팡하던 찰나, 느지막이 버스가 오고 세천리 어느 정류장이냐 묻는 기사에, 거기에 500년 된 판나무가 있으니, 가보면 알 수 있을 거라고 말한다. 그런데 어느 인적 없는 거리에 먼저 내리는 노파를 보며, 경하는 '작별'한 것 같은 느낌을 받는다.

초등학교 때, 우리 집에 도둑이 든 적이 있었다. 정확히는 도둑 추정 인물들을 쫓아낸 기억이다. 수요일 저녁 8시나 9시쯤으로 기억하는데, 그때 부모님은 식사 약속이 있어 외출 중이셨고, 연년생이었던 나와 형만 집에서 신나게 TV를 보고 있었다. 무슨 책을 팔러 왔다고 하면서, 부모님이 계시는지를 묻는 남자 두 명이 노크를 한 건 그때쯤이었다. 부모님은 안 계시니 내일 낮에 다시 와달라는 형의 말에, 갑자기 흥분해서 욕지거리를 하며 유리로 된 문을 부술 것처럼 두드리기 시작한 것도 그때쯤이었다. 그 당시 초등학교 3학년, 4학년이었던 형과 나는 쿵쾅쿵쾅 뛰는 심장을 부여잡고 전화기를 들었다. 그리고 차례차례 미영이 할머니, 상미 할머니, 백 살 할머니한테 전화를 했다. 경찰이 아니고? 그러니까 이게 지금도 미스터리인데, 어린 나이에 나와 형에게는 경찰보다 그 할머니들이 뭔가 더 커 보였다고 말하면 믿을 수 있으려나? 실제로 할머니들이 전화를 받고 우리 집으로 하나둘씩 건너오면서, 그 남자들과 약간 옥신각신하는 소리가 들렸고, 그렇게 사건은 일단락되었다. 정말 신기하지?

문이 열리고 할머니들을 보는데, 어찌나 눈물이 나는지, 마치 할머니 자경단을 만난 듯 경탄의 눈으로 그분들을 바라봤었다. 그 후에 만나면, 감사한 마음에 인사도 더 크게 했던 것 같은데, 지금은 이분들이 전부 돌아가셔서 더 크게 인사를 하고 싶어도 할 수가 없구나. 할머니들이 가고 나서 부모님이 돌아오시기 전까지, 그 남자들이 다시 올까 봐 몹시 불안했던 기억도 난다. 그때 할머니들이 지팡이를 짚고 하나둘씩 집으로 돌아가실 때, 소설에서 먼저 내렸다는 할머니를 보고 느낀 경하의 감정과 비슷한 감정을 나도 느꼈다. 이걸 뭐라고 해야 할지 모르겠지만, 정말 작별하고 싶지 않았달까? 그냥 같이 있어줬으면 하는 그 마음뿐이었다. 김연수의 『시절일기』를 보면, "한 번의 삶은 살아보지 못한 것이나 마찬가지다. 그러니 이 인생의 의미를 알아내려면 적어도 두 번의 삶은 필요하다."(20쪽)라는 문장이 나온다. 그 당시 일은 거의 내 기억에서 잊혔다고 생각했는데, 한강의 『작별하지 않는다』를 읽으면서 다시 생각났다. 일종의 이것도 두 번의 삶이라면 삶이 아닐까? 지역사회의 보호를 받으며 컸던 지난날의 여러 순간을 다시 떠올리게 했으니. 남인 것 같아도, 그들이 '우리'였음을 일깨워주는 계기가 되었으니 말이다.

친구와 이런저런 이야기를 하다 보면 잊고 있던 예전의 나를 다시 만나게 된다. 처음에는 내가 저때 저랬나, 부끄럽다가도 나중에는 괜히 반갑고 정겹고 그렇다. 뭐랄까, 과거 언젠가 내 행동, 말 등이 사라지지 않고 어딘가에 존재하다가 친구의 입을 통해서 새삼 전달되는 것 같은 느낌이랄까? 오랜 시간 함께한 사람과의 추억팔이는 아마도 그래서, 재미있고 흥미롭고 정겨운 게 아닌가 싶다. 다 채워질 수 없었던 그때 그 시절의 조각들이 채워지고 완성되는 걸 확인하는 재미가 있으니까. 갑자기 김애란의 『잊기 좋은 여름』이 생각난다. "어쩌면 그것들은 영영 사라진 게 아니라 라디오 전파처럼 에너지 형태로 세상 어딘가를 떠돌고 있지는 않을까."(43쪽) 정말 맞는 말이다. 다시 생각해보면, 작별하지 않는 건 기억하는 것, 그리고 기억하기 위해 노력하는 것 그뿐 아닐까? 소설에서 경하가 앵무새, '아미', '아마'와 작별하고 온 직후부터 새 관련 사이트를 뒤지고 열심히 '새 단면도'를 찾아봤던 것처럼 말이다. 본래 경하는 새와는 완전히 무관한 인생을 살고 있었기에. 아무것도 안 하는 순간, 그때부터 작별 시작인 셈이니까. 그 사람이 설령 물리적으로 내 옆에 있더라도 그건 죽은 상태, 바로 작별한 상태일 테니까 말이다.

26

우리

아마는 나의 새가 아니다.
이런 고통을 느낄 만큼 사랑한 적도 없다.

「나무」, 『작별하지 않는다』, 152쪽

　　버스에서 내린 경하는 기억을 더듬어가며 인선의 집으로 올라간다. 올라가면서 건천(乾川)을 길로 알고 밟아 미끄러지고 랜턴 삼아 들고 있던 휴대폰도 잃어버린다. 그러면서 지금 건천 넘어에는 인선의 집밖에 없지만, 1948년 소개령으로 몰살되기 전에는 마을이 있었음을 기억한다. 문득 눈 쌓인 우듬지에 비친 달빛을 보고 정신을 차린 경하는 덤불에 찔려 피가 나는 상황에서도 겨우 인선의 목공방에 도착한다. 그곳은 인선이 급하게 병원으로 실려 가던 상태 그대로였는데, 공방에는 몸집이 큰 등신대는 아니지만 서른 그루 남짓의 통나무가 있었다. 경하는 주로 혼자, 서두르지 않고 작업을 하던 인선에게도 큰 통나무를 다루는 작업은 무리였을 것이고, 그 무리한 작업이 손가락을 절단하게 만들었다고 자책한다. 작업실을 지나쳐 아마가 있는 새장에 간 경하는 이미 죽어 있는 아마를 발견한다. 경하는 죽은 아마를 손수건으로 싸고 흰 무명실로 감아 재봉한다. 그리고 상자 안에 넣고, 알루미늄 뚜껑을 덮어 외관을 단단하게 감싼 후 나무 밑에 땅을 파서 묻는다. 그때 공방 외벽에 비친 나무 그림자의 일렁거림을 보고 여기가 인선의 세 번째 다큐멘터리에 등장했던 배경임을 알게 된다. 그 다큐멘터리에는 아빠와 같이 자주 숨던 동굴 이야기를 하던 여자가 등장한다. 문득 이렇게 생각하고 나니, 경하는 세찬 바람이 만드는 문의 덜컹거림이 나를 잡으러, 끌어내러, 죽이러 오는 것이라 생각하게 된다.

박민규의 「누런 강 배 한 척」에 이런 문장이 나온다. "이제 인생에 대해 아무것도 궁금하지 않은데, 이런 하루하루를 보내며 삼십 년을 살아야 한다는 것이다."(65쪽) 인생에 궁금한 게 정말 많았던 사람만이 할 수 있는 말이다. 나는 그렇게 궁금한 게 많지도 않았는데도, 언젠가 권태 비슷한 게 찾아온 적이 있었다. 그 당시 하는 일들이 특정 맥락으로 좁혀져, 어제가 오늘 같던 시절이라 그랬을지도 모르겠다. 새로운 일보다는 같은 일만 반복해서 하다 보니까 어느 순간부터 모든 게 심드렁해지고, 권태라 이름 붙일 만한 심리 상태가 되었다. 그러다가 예상치 못한 일이 발생하는 순간이 있는데, 꼭 그때는 언제 그랬냐는 듯 다시 생기가 돌기도 했었다.

주로 KBS 〈동행〉이나 SBS 〈그것이 알고 싶다〉 같은 프로그램을 보면서 다 똑같은 인생이라고 생각했는데, 내 나름 — 심지어 이런 심드렁한 반복조차 — 굉장한 특권 속에 살고 있음을 새삼 알게 되었을 때 말이다. 그러고 나면, 뭐가 그렇게 또 미안해지던지.

경하가 인선의 부탁으로 힘겹게 목공방에 도착해서 아마를 확인했을 때, 이미 아마는 죽은 후였다. 그런데 죽은 아마를 경하가 관에 넣어 하관하는 작업을 보자면, 이게 또 굉장히 이색적으로 다가온다. 본인도 말하고 있지만, 아마는 경하가 기르던 새가 아니었기 때문이다. 그러니까 단 하루도 물을 마시지 않으면 버틸 수 없는 인선의 새, 아마가 아픈 티를 내지 않고 버티다가 힘없이 쓰러졌을 고통이 고스란히 경하에게 전달될 수 있다는 점에서 그렇다. 그 전이가 편두통으로 시름시름 앓다가 위가 아파 토를 하면서도 인선의 방에서 무명실을 더듬더듬 찾아 피를 흘리면서도 손수건으로 아마를 싸고 재봉하도록 만든 게 아니었을지. 그것도 모자라 상자를 찾아 거기에 아마를 넣고 눈물을 흘리며 알루미늄 뚜껑을 찾아 덮고 그것만으로는 부족했는지 상자 내부에는 두르고 있던 목도리를 넣고 외부에는 주변의 흰 수건을 가져와 두르도록 만들었을 것이다. 그리고 엄숙하게 들고 나가 단단히 언 땅을 필사적으로 파고, 그 안에 그 상자를 넣게 했을 것이다. 경하의 말처럼, 그녀는 이 정도의 고통을 느낄 만큼 아마를 사랑한 적도 없었는데 말이다. 나 참.

슬라보예 지젝은 『향락의 전이』에서 "증오에서 우리는 우리 자신 속에 거주하는 악을 타자에게 외재화하고 전이함으로써 그 악에 직면하는 것을 회피한다."(272쪽)라고 말했다. 다시 말하면, 우리는 우리가 가지고 있는 부정적인 것들을 직면할 용기가 없어, 타자에게 그 부정적인 것들을 전이시켜 회피한다는 주장이다. 아마도 그 시절 내가 권태에 빠졌던 건, 다른 사람들도 다 그래, 다 무관심해, 심드렁하고. 비판할 거면, 그 사람들부터 먼저 비판하는 건 어때? 왜 나한테만 이러는 거야? 뭐 이런 식으로 타자에게 외재화해서 정작 나 자신은 회피했기 때문은 아니었을까? 소설에서 경하도 충분히 내재된 나쁜 마음으로 눈앞에서 죽은 '아마'를 회피할 수 있었을 테니까 말이다. 다른 사람들도 새가 죽으면 그냥 밖에, 산에 던져버리던데? 뭐 이런 식으로 말이다. 얼마 전 늦게 퇴근한 아내를 마중 나갔다가, 길에 쓰러져 기어가는 여성분을 본 적이 있다. 아마 다른 행인들은 그 여성분을 취객 취급해서 대수롭지 않게 지나친 것 같았다. 너무 놀라 우리 둘은 본능적으로 그분한테 다가갔고, 다리에 장애가 있던 그분을 부축해서 2층 원룸까지 모셔다 드렸다. 물론 지팡이까지 챙겨서 아주 살뜰하게. 그분이 거기에 쓰러진 건 그분의 일이 맞지만, 마치 우리의 일이었던 것처럼. 경하에게 아마는 인선의 새이지만, 마치 나의 새였던 것처럼. 그렇게 말이다.

27
의지

> 잊지 않을 거라고 나는 생각했다.
> 이 부드러움을 잊지 않겠다.
>
> 『작별하지 않는다』, 『작별하지 않는다』, 186쪽

경하는 아마를 묻고 나서 잠이 들었다가 오후 4시경 깨어난다. 자신이 악몽을 꾸지 않았다는 걸, 두통도 없고, 구역질도 나지 않았다는 걸 깨닫는다. 그런데 그때 새장에서 어떤 소리를 듣고 다가가는데, 거기에는 죽었던 아마가 살아나 있었다. 아마를 따뜻하게 해주려고 목공방에 화목난로를 가지러 갔다가 마치 이제 막 잠에서 깨어난 듯 기지개를 펴는 인선을 만난다. 병원에 있어야 하는데? 설마 죽은 거야? 함께 차를 마시며 아흔아홉 개의 통나무로 만들려고 했던 프로젝트의 이름을 비로소 정하는데 그게 바로 '작별하지 않는다'이다. 그러는 사이 벽에서 어떤 일렁거림이 느껴지는데, 그것은 몇 달 전 죽었던 또 다른 앵무새 아미의 그림자였다.

날개를 펄럭이며 떠나려 하는 아미의 모습을 보고 문득 인선은 아미가 저렇게 떠나고 나면, 마치 누군가 더 있는 것 같을 때가 있었다고 말한다. 다큐멘터리를 촬영하고 만주에서 돌아올 때 제주공항 활주로에서 발견된 100여 구의 유골을 언급하며, 그중 특이한 자세로 발견된 유골에 대해서 말한다. 그 기사를 가지고 집으로 왔는데, 그 기사에 실린 유골 사진을 보려고 하면 꼭 누군가 더 있는 것 같은 느낌이 들더란다. 이 내용을 토대로 세 번째 다큐멘터리를 기획했다는 인선, 그러면서 경하한테 자신의 작품에 다 싣지 못했던 그 당시 제주도 이야기를 꺼낸다.

김연수는 『우리가 보낸 순간』에서 "원칙적으로 고통은 기억되지 않죠."(45쪽)라고 말한다. 왜 우리도 다시는 안 한다고 말하고 또다시 힘겹게 등산 같은 운동을 하지 않나? 설령 내려올 때, 다시는 등산 또 하나 봐라, 이렇게 말할지라도 말이다. 원칙은 기억되지 않는 게 분명한데, 문제는 기억하게 만드는 맥락이 조성되면 그게 하나의 트라우마로 작동하며 원칙을 깨고 선명하게 다시 떠오른다는 점이다. 그러니까 신호를 위반한 자동차에 자식은 죽고 부모만 살았다면, 그 부모가 횡단보도 앞에서 파란불에도 멈칫하는 건 어쩌면 당연한 것이다. 매 순간 망자를 기억할 수 없지만, 파란불에 길을 건널 때나 누군가와 자동차 이야기를 할 때만큼은 여지없이 그 기억이 소환될 테니까. 소설에서는 연구소 직원들이 찾아와서 피해자에게 인터뷰를 진행한 내용들이 나온다. 그분들은 연구소 직원들이 찾아올 때마다 인터뷰를 고사했다고 하는데, 이유는 원칙적으로 기억되지 않았던 고통을 소환해야만 하는 상황으로 스스로를 끌고 들어가야 하기 때문이 아니었을지. 그게 총살을 당하고 죽창에 죽어야만 했던 내 가족과 이웃에 대한 이야기라면 더군다나.

인선은 세 번째 다큐멘터리를 만들기 위해서 자료를 모으는데, 그중 하나였던 '세천리편'이란 부제가 붙은 12번 자료집은 600쪽이 넘는 방대한 자료였다. 이 자료집에는 진상 조사 보고서나 관련 총론서, 그리고 30여 명의 증언이 담긴 부록이 고스란히 담겨 있었다. 경하는 인선이 건네는 그 자료집을 보고, 자신이 이미 5·18민주화운동 관련 책을 준비하던 시절에 이 자료집을 본 적이 있음을 기억한다. 하지만 방대한 자료와 분량, 그리고 강렬한 인터뷰 증언에 압도되어 자세히 읽지 않았다고 고백한다. 여기서 잠깐 내 이야기를 해야겠는데, 원래 나는 중학교 입학 전까지 변변한 독서 경험이 없었다. 초등학교 시절 내가 읽은 책이란 위인전 몇 권이 전부였으니까. 그러다 중학교 1학년 때, 형이 『로마인 이야기』를 읽고 율리우스 카이사르에 대해서 이야기해준 적이 있다. 바로 그게 기점이었는데, 율리우스 카이사르가 얼마나 매력적으로 다가오던지 형이 가지고 있던 『로마인 이야기』 4권과 5권을 — 참고로 각각 500쪽이 넘으니 합하면 1000쪽이 넘겠네? — 쉬지 않고 밤새도록 읽었던 기억이 난다. 이게 사실상 본격적인 첫 독서 경험이었다. 그러니까 이건 수학 기초 문제도 풀지 않고 바로 응용 심화 문제로 넘어간 꼴인데, 어떻게 이게 가능했을까?

이런 마법 같은 일이 가능했던 건, 형의 달콤한 설명이 도화선이 되어 율리우스 카이사르를 너무나 알고자 했던 내 마음과 그 알았던 내용을 잊지 않으려는 내 몸부림 때문이었을 것이다. 나는 거의 30년이 지난 지금도 잊지 않고 수업 중에 로마 관련 이야기를 하는데, 이 내용 대부분은 중학교 때 읽었던 『로마인 이야기』 시리즈에서 출발하고, 그 후 틈틈이 관련 책을 읽으면서 보충했던 내용들에 의존한다. 아마 이런 나라면, 다시 30년이 지나서도 로마에 대한 이야기를 거의 반영구적으로 하고 있지 않을까 싶다. 소설에서 인선은 읽었고, 경하는 읽지 않았던 이유도 바로 여기에 있지 않을까. 바로 그 도화선, 앎의 의지, 몸부림 같은 것들 말이다. 실제 「작별하지 않는다」에 나오는 인터뷰 내용은 대부분 제주 방언으로 되어 있어 이해하기가 쉽지 않았다. 처음 그 부분을 읽을 때 빠르게 넘길까 생각도 했는데, 결국 네이버 사전을 옆에 켜놓고 천천히 해독하며 읽었다. 이번에는 『작별하지 않는다』라는 소설 자체가 도화선이 되어 앎의 의지를 자극한 셈인데, 제주 4·3사건을 너무나 알고자 했던 내 마음과 그 내용을 잊지 않으려는 내 몸부림이 제주 방언까지 찾아 읽게 한 게 아닌가 싶다. 너무나 알고자 한다면, 정말로 자신이 소중하다 생각하는 것들을 영원히 잊고 싶지 않다면, 600쪽? 그거 별거 아닌 거니까.

28

함께

…내가 있잖아.

「정적」, 『작별하지 않는다』, 239쪽

    경하는 인선이 가지고 있던 방대한 자료들을 보면서 문득 이 번거롭고 복잡한 작업을 인선이 무엇을 위해 했을지 궁금해지기 시작한다. 그 대답을 해주겠다는 듯, 인선은 경하한테 어머니가 모은 오래된 지도와 신문기사들을 꺼내 보여준다. 그 지도에는 1940년대 인선 어머니가 살던 집, 다니던 학교 등이 표시되어 있었고, 기사에서는 경북에서 진행된 위령제 등을 다루고 있었다. 갑자기 경북? 인선 어머니한테는 오빠가 있었는데, 1949년 봄, 초토화 작전을 피해 고구마 공장에 숨어 있다가 체포되어 목포항으로 보내지고, 거기서 대구형무소로 보내졌단다. 그런데 6·25전쟁 이후 오빠를 만나러 간 인선 어머니는 거기서 오빠가 진주로 이감됐다는 말을 듣지만, 정작 진주형무소에서 오빠를 끝내 찾지 못했다고. 6·25전쟁 때, 보도연맹에 가입한 사람들이 빨갱이라 체포되어 형무소로 밀려들어오자, 공간 마련을 위해 기존 재소자들을 대구 근처 광산으로 끌고 가 총살하는데, 그때 죽은 수백 명의 제주 사람 중에 오빠가 포함됐을 거라 짐작만 할 뿐이다. 그 후 인선 어머니는 대구 실종 재소자 제주 유족회 신분으로 무릎 관절염으로 고생하는 중에도 절뚝이며 제주와 대구를 오가며 오빠의 유골이라도 찾으려고 애쓴다. 인선 아버지는 대구형무소와 부산형무소에서 15년 형을 마치고 제주도로 돌아왔는데, 인선 어머니가 이 소식을 듣고 오빠에 대해 물으러 갔다가 그게 인연이 된 사실도 알게 된다.

사실 나도 많이 궁금했다. 인선 어머니는 왜 그렇게 아픈 몸을 이끌고 제주와 육지를 오가며 전문가도 구하기도 힘든 자료들을 모았을까. 인선은 좋은 감독 커리어를 쌓고 있다가 혹평을 받을 줄 알면서도 세 번째 다큐멘터리에서 갑자기 제주 4·3사건을 왜 다뤘을까. 게다가 혼자 감당하기에 너무나 버거운 '작별하지 않는다' 프로젝트를 왜 그렇게까지 손가락이 잘리면서까지 준비해야 했을까? 인선이 1948년 제주도를 다룬 다큐멘터리를 가지고 영화제에 참석했을 때, 본인 의사와 상관없이 "아버지의 역사에 부치는 영상시"(236쪽)라는 부제가 붙었는데, 인선은 이 부제를 전면 부정한다. 이 영상이 아버지를 위한 게 아니라는 말이다. 경하는 다시 그 프로젝트를 언급하는 인선에게 자신이 꾼 악몽은 더 이상 광주와는 상관이 없다고, 자신에게 있었던 안 좋은 가정사가 꿈으로 나타난 거라며, 꿈의 의미가 바뀌었기 때문에 프로젝트를 더 이상 할 필요가 없다고 말한다. 그때 인선은 경하에게 이런 말을 한다. "……내가 있잖아." 나는 이 대답을 보고 알게 되었다. 인선은 경하와의 약속을 지키기 위해 그 프로젝트를 하는 게 아니라는 걸. 인선이 다큐멘터리를 만든 것도 아버지를 위한 게 아니라는 걸. 인선 어머니가 아픈 다리를 이끌고 자료를 모으고 유족회 활동을 한 건 오빠 유골만을 찾기 위한 게 아니라는 걸. 그건 모두에게 "……내가 있잖아."라고 말하기 위해서라는 걸 말이다.

그게 언제였더라? 4년 전쯤인 것 같다. 보이스 피싱을 당해 엄청난 금전적 피해를 입었다는 학생이 찾아온 적이 있었다. 나중에 알고 보니까, 그 당시 모 대학의 전직 총장까지 피해를 입었을 정도로 꽤 떠들썩한 보이스 피싱 사기 사건이었다. 갑자기 찾아와서 이번 학기에 졸업을 못 할 것 같다고, 울면서 죄송하다고 말하기에 걱정이 되어 자초지종을 물었다. 꽤 많은 금액을 말해서 굉장히 놀랐는데, 더 속상했던 건 졸업을 앞둔 이 중요한 시기에 사기를 당한 자신의 우둔한 선택을 비관하던 학생의 태도였다. 자신까지 피고인 신분이 될 수 있다고 말하는 학생을 보면서, 선생님 도움이 필요하면 언제든지 말하라고, 경찰서에도 같이 가줄 수 있다고 말해주었다. 그리고 밥이라고 사 먹으라고 지갑에서 얼마를 줬는데, 때마침 지갑에 현금이 얼마 없어 초라한 금액만 줬던 게 기억난다. 2만 원? 푸하하. 그러면서 절대 졸업을 포기하지 말라고. 지금까지 이렇게 열심히 해서 논문을 완성했는데 여기서 포기하는 건 안 된다고 신신당부를 하고, 한국어 교정비부터 논문 제본비까지 졸업을 위한 제반 비용 전부를 대신 내줬던 기억이 난다. 그 학생? 무사히 졸업했다. 지금 어떻게 살고 있니?

그때 아내가 참 '민정호스럽다' 칭하면서, 어느 날 왜 그렇게까지 도와줬냐고 물은 적이 있다. 한강식으로 말하면, "……내가 있잖아." 그냥 그런 말을 해주고 싶었기 때문이라고 말할 수 있을 것 같다. "……내가 있잖아. 선생님이 있잖아." 슬라보예 지젝은 『왜 하이데거를 범죄화해서는 안 되는가』에서 "타인을 그저 존중하지만 말고 공동의 투쟁을 제안하라. 오늘날 우리의 문제는 공통된 것이기에."(68쪽)라고 말했다. 나는 그 학생을 도왔지만, 사실은 나를 도왔던 걸지도 모르겠다. 학위논문을 책임지고 지도해야 하는 지도교수 입장을 고려하면, 그 학생의 문제는 내 공통의 문제이기도 했으니까. 소설에서 제주 4·3사건의 희생자가 한국전쟁을 거치면서 경북지역 보도연맹 학살 사건으로 연결되는 걸 봤다. 그건 제주만의 사건도, 대구만의 사건도, 그렇디고 경북지역만의 사건도 아니라, 마치 이게 전부 연결된 '우리' 모두의 사건이라고 말하는 것 같았다. 인선은 엄마를 보며, "사랑이 얼마나 무서운 고통인지"(311쪽) 깨달았다고 고백한다. 소설 속, 인선 어머니처럼 무릎 관절염을 경험해본 분들은 이게 무슨 의미인지 알 것이다. 이 감내가 보여주는 사랑의 고통들을. "내가 있잖아."라는 말은 그래서 또 무서운 고통을 감춘 말이다. 하지만 그럼에도 불구하고 이 말을 기꺼이 내뱉고 옆에 있는 사람에게 두 손과 두 발로 무언가라도 해줄 수 있을 때에야, 비로소 '사랑'이라는 말을 운운할 수 있을 듯. "……내가 있잖아."

우리는 영웅의 희생만을 기억하지만, 영웅은 또 다른 누군가의

희생으로 만들어지는 법.

29

습관

오랜 시간 계속되어온 습관이었으므로,
그 여자는 훈자를 생각하는 일을 멈출 수 없었다.

「훈자」, 『노랑무늬영원』, 117쪽

그 여자는 장거리를 자차로 출퇴근하는 직장 여성으로 아들 하나를 키우고 있다. 남편(그 남자)은 수도권 대학에서 교양 철학을 가르치는 시간강사인데, 특유의 무심함으로 육아에도 그 여자에게도 도통 관심이 없다. 아이가 폐렴에 걸렸을 때도 그 여자는 아이를 혼자 맡아서 간호하고, 장거리 운전으로 뭉친 어깨도 혼자 주무르며 고통의 시간을 홀로 버틴다. 그러던 중 그 여자는 우연히 직장 동료와 점심을 먹다가 파키스탄 오지에 다녀왔다는 어린 남자 직원으로부터 '훈자(Hunza)' 이야기를 듣게 된다. 그리고 나서부터는 습관적으로 운전하면서, 일상생활, 직장생활을 하면서도 훈자를 생각하게 된다. 대출을 받아 중소형 아파트로 이사를

간 후에, 초등학생이 된 아들이 자전거를 타고 학원에 다녀오다가 자동차와 부딪히는 사고를 당한다. 이런 사고에도 불구하고, 남편 없이 독박 육아를 해야 했던 그 여자는 신입사원 연수에 인솔자로 참석했다가 용문사까지 올라가 1100년이나 되었다는 은행나무를 보게 되는데, 숙소로 내려오면서 다시 훈자를 생각한다.

'롤러코스터'라는 밴드가 있다. 1999년에 데뷔했는데, 가수 이효리의 남편 이상순이 기타리스트로 활동하던 모던 록 밴드라 해체 후에도 유명세를 탔었다. 개인적으로 꽤 좋아했던 1집 노래 중에 〈습관〉이라는 곡이 있는데, 이 노래 가사 중에 "습관이란 게 무서운 거더군, 아직도 너의 사진을 물끄러미 바라보면서 사랑해"라는 부분이 나온다. 그러니까 헤어졌지만 여전히 사진을 보면서 '사랑해'라고 말한다는 건데, 처음에 이 가사를 보고 이게 '그럴 수가 있나?' 싶다가도 '습관'이라는 제목 앞에서 '그럴 수 있다'라고 수긍한 적이 있었다. 그만큼 습관이라는 건, 언제든지 그럴 수 있다는 뜻을 가지고 있으니까. 소설에서 그 여자의 아들은 자신의 자전거 옆으로 자동차가 스쳐 지나갈 때 그 차를 피하지 않고 눈을 감았는데, 그때 아이는 그렇게 하면 '스피드 몬스터'로 변할 거라고 생각했다고 말한다. 그러니까 그 여자에게 습관적으로 생각하는 '훈자'가 있다면, 아들에게는 습관적으로 생각하는 '스피드 몬스터'가 있는 셈이다. 어떻게 차가 옆에서 바짝 붙어 지나가는데, 피할 생각을 안 하고, '스피드 몬스터' 생각을 할 수 있냐고 반

문할 수도 있겠지만, '습관'이라는 단어 앞에서 무슨 설명이 더 필요할까? 자동반사적으로 나타나는 그 습관들을 말이다.

흔해빠진 말이지만, 습관이 정말 무섭다. 그 노래 〈습관〉 가사처럼 사진 앞에서 혼잣말을 하게 만들어버리는 게 습관의 위력이니까. 소설에서도 그 여자가 상상하는 '훈자'의 모습이 시시각각 바뀌는데, 처음에는 블로그나 카페를 통해 훈자에 대해 알아가면서, 훈자를 하나의 이상적 해방구로 여긴 듯싶다. 그런데 또 어떨 때는 훈자를 더 이상 도피처가 아니라 위험한 곳, 도망쳐 나와야 하는 곳으로 상상하기도 한다. 그랬다가 나중에는 체해서 손가락을 땄던 기억, 키우던 병아리가 죽었던 기억, 건너편 옥상에 빛이 쏟아지던 기억 등과 버무리는데, 그 여자는 이 기억들이 모두 또렷한 훈자라고 말한다. 그러면서 "이렇게 계속 가야 하는 건지"(123쪽)를 되묻는데, 이는 이 정도로 각양각색의 훈자를 습관적으로 떠올릴 만큼 힘든 상황들을 자신이 언제까지 버틸 수 있을지 모르겠다는 식의 자조적 표현이었던 것 같다. 남편이 대학에서 시간강사직을 벗어날 가능성은 거의 없고, 아파트 때문에 갚아야 할 빚은 계속해서 늘고 있으며, 그 여자는 언제 해촉될지 모르는 상황에서 독박 육아를 병행하며 10년이나 된 낡은 차를 몰고 어떤 충동을 느끼며 출퇴근을 해야 하는 상황이었으니 말이다.

김연수의 「노란 연등 드높이 내걸고」를 보면, 인생을 "꼭 이십

미터 정도 뒤에서 자신을 쫓아오는 저 발걸음 소리 같은 것"(216쪽)으로 설명한다. 그러니까 그 발걸음 소리가 정확하게 뭔지는 모르겠지만, 어떤 소리가 항시 나를 쫓아오는데, 이 소리는 내가 얼마나 인생을 전력으로 살았느냐와 상관없이 약 20미터쯤 간격을 두고 쫓아온다는 뜻이다. 언젠가 대학 사회에 편입된 이후로 가장 바쁘고 힘들고, 그래서 최선을 다했다는 말도도 부족했던 학기가 있었다. 그런데 이게 웃긴 것이, 인생이 20미터쯤 뒤에서, 자기가 나에 대해 뭘 안다고, 또 주절거리는 게 아닌가? 그때 오랜만에 다 그만두고, '다시 태어나고 싶다'는 생각을 했었다. 이런 식의 생각은 나에게 너무 습관적이라서, 잘못 살고 있다는 생각이 들 때면 나는 어김없이 그런 생각을 했었던 것 같다. 꼭 그 여자의 훈자나 아들내미의 스피드 몬스터처럼 말이다. 그런데 뻔한 말이지만 나 역시 다시 태어날 수 없다는 사실을 그 누구보다 잘 알고 있었다. 그래서 그런가, 다시 태어나고 싶다는 생각을 한 후엔, 다시 습관적으로 더 '열심히' 살아보자라고 다짐했었다. 더 열심히 사는 게 다시 태어나는 거니까. 달라진 나. 새로운 나. 이게 곧 리셋 아니냐며.

30
심장

한 번뿐인 하루를 손아귀에 꽉 쥔 채, 어쩔 줄 모르며
으스러뜨려왔다는 것을.

「밝아지기 전에」, 『노랑무늬영원』, 33쪽

'나'는 14년 전 잡지사에서 '은희 언니'를 알게 되었다. '나'는 소설을 쓰기 위해 잡지사를 그만두는데, 오랜만에 은희 언니 남동생의 장례식장에서 다시 만난다. 남편을 잃고 혼자였던 엄마가 죽은 남동생을 발견했는데, 정작 다리가 아픈 엄마는 장례식장에 참석할 수 없었고 빈소에는 언니 혼자였다고. 그 후 갑자기 인생 행로를 수정해 여행을 다니기 시작한 은희 언니는 네팔을 시작으로 여러 군데로 여행을 떠났고, 그 경험을 살려 『얼음의 여행』, 『모래의 여행』 같은 부제가 붙은 책을 출판한다. 3년 전 언니는 『밀림의 여행』을 쓸 참인지 인도로 훌쩍 떠나는데, 그때부터 '나'는 투병생활을 시작한다. 1년 만에 돌아온 언니는 '나'의 투병을 알게 되는

데, 이때 '나'는 언니에게 이혼한 사실까지는 차마 말하지 못한다. 언니는 인도에서 목격한 화장(火葬) 장면을 설명하면서, 타지 않고 마지막까지 남아 있던 '심장'에 대해서 이야기한다. 그러고 나서 다시 스님이 되고 싶다며 미얀마로 떠난 언니, 그런 언니에 대한 소설을 쓰고 싶어진 '나'는 딸 윤이를 데리고 언니가 살고 있는 미얀마로 떠날 계획을 잡는데, 갑작스런 그녀의 부고(訃告)와 함께 그 계획은 전면 취소된다.

내가 대학교에서 주로 하는 일 중에 하나가 학생들 학위논문을 지도하는 거다. 학위논문 비슷한 걸 써본 사람은 알겠지만, 이게 웬만한 시간 투자 없이는 결코 완성되지 않는다는 게 문제다. 그런데 개중에, 아무리 100세 시대라지만, 한 35,400년쯤 살 것처럼 행동하는 학생들이 있어 가끔씩 나를 미치게 만들 때가 있다. 어찌나 대충 사는지, 저렇게 살 거라면 대학원에는 왜 진학했을까? 정말 진지하게 묻고 싶어지는 학생들이 있다는 말이다. 언젠가 따끔하게 한마디 하고 싶어서, 학생들을 불러놓고 '심장'에 대해서 말한 적이 있었다. 대학원까지 와서 하는 이 일이 네 '심장'을 조금도 울리지 못한다면, 지금이라도 과감하게 자퇴를 하고, 진짜 하고 싶은 일을 찾아 당장 떠나라고. 여기서 이러고 있는 꼴은 내가 더 이상 못 보겠다고 말이다. 말하고 나면 이게 너무했다 싶으면서도, 내가 저렇게 말해야만 했던 이유는 정말 너무나도 소중한 '하루'가 그냥 그렇게 소비되는 모습을 보는 게 너무나 고통스러

왔기 때문이었다. 한강의 표현대로라면, 꼭 한 번뿐인 하루를 손에 쥐고 으스러뜨려버리는 꼴처럼 보였으니까.

소설에서 은희 언니는 '나'가 잡지사를 그만두고, 암 투병 중에도 놓지 않고 있던 몇 안 되는 소중한 인연이었다. 하지만 만났던 기간에 비해서 서로가 많은 시간을 할애하지는 못했고, 소설에도 나오지만, 나누고 싶은 생각이나 결정적 사건들을 속시원하게 말하지 못한 적도 많았기에 둘 사이에는 항상 아쉬움이 존재했다. 변명 같지만, 그래서 '나'는 언니가 주인공으로 나오는 소설을 쓰고 싶었던 게 아니었을까? 예전에 인천대학교에서 학생들에게 글쓰기를 가르쳤다. 매 학기에 네댓 개 수업, 200명 정도 학생을 가르쳤었는데, 수업 준비를 철저하게 하는 것과 별개로, 학기마다 학생 이름 전부를 외웠던 기억이 있다. 그래서 수업을 하면서 출석부를 보지 않고 학생들의 이름을 부르며 질문을 할 수 있었는데, 학생들이 대답을 하면 또 중요한 특징을 잡아 출석부에 항상 메모하고 연구실에서 복기하며 기억하려 애썼다. 왜 그랬냐고? 글쎄, 기억하려고? 그 소중한 시간들을 허투루 쓰고 싶지 않았기 때문이다. 그럼에도 다른 학교로 이직을 하면서 사지서를 낼 때, 얼마나 내 마음이 아쉬웠는지 모른다. 더 잘할 수 있지 않았을까? 나는 정말 최선을 다했나? 뭐 이런 생각들을 하면서.

'나'는 모처럼 과감하게 딸 윤이와 함께 은희 언니를 만나러 미얀마 여행을 계획한다. 그런데 언니가 뎅기열로 급사하면서 그 여행을 취소하고, 급히 장례식장에 가는 부분을 읽으면서 내 마음이 어찌할 바를 몰랐다. 왜냐하면 '나'는 자신이 암에 걸릴 줄 몰랐고, 이혼할 줄도 몰랐으며, 은희 언니의 동생이 6시간 만에 갑자기 급성복막염으로 죽을 줄도 몰랐고, 은희 언니가 뎅기열 치료로 미얀마에서 남몰래 귀국해 치료를 받다가 이틀 만에 뎅기열 쇼크로 급사할 줄도 몰랐을 것이기 때문이다. 이 소설에는 이런 문장도 있다. 결국 우리 인생이란, "한 치 앞도 내다볼 수 없게 설계된 것뿐인걸."(35쪽) 그러면서 그 누구도 "비난"하지 말라고도 말한다. 윤성희의「자장가」를 보면, 투신자살한 제자를 둔 은퇴한 교장 선생님, 골육종 암으로 죽은 동생을 둔 분식집 이모, 교통사고로 죽은 '지구본'을 둔 절친과 교통사고로 죽은 '나'를 둔 엄마가 등장한다. 너무나 흔한 말이지만, 이렇게나 죽음은 항상 급작스럽지만, 또 너무나 일상적인 방향으로 우리 인생의 순간순간에 설계된다. 이 프로그래밍된 죽음 앞에서 내가 할 수 있는 말이란, 고작, 단 한 번뿐인 하루, 당신의 심장, 그리고 사랑. 이것뿐이다.

31

자전거

이 바람을 맞으려고 당신은 여름 한낮에도
이 길을 자전거로 달리곤 했다.

「회복하는 인간」, 『노랑무늬영원』, 59쪽

정 작가는 왼쪽 발목을 접질린 다음 날 한의원에 방문한다. 죽은 언니를 하관(下棺)한 후 오른쪽 발목을 접질렸을 때, 꽤 오래 고생한 기억이 있어 되도록 빨리 병원을 찾은 것이다. 거기서 의사의 권유로 뜸을 뜨다 왼쪽 복사뼈 아래에 화상을 입게 된다. 라디오 작가였던 그녀는 적지 않은 범위에 화상을 입은 다리를 잊은 채로 일에만 몰두하다가 치료 시기를 놓치게 되고, 그 후 병원에 다니지만 그녀의 다리 화상은 더디게 회복된다. 그녀의 언니는 부자 형부를 만나 남부럽지 않게 살았지만, 오히려 너무나 평범하게 살고 있는 동생 정 작가를 부러워했었다. 과거 언니가 대학생 때 임신중절 수술을 받는데, 이때 보호자로 정 작가를 데려간 후,

둘의 사이는 극단적으로 멀어졌다. 결혼한 후 언니는 아이를 갖기 위해 갖은 노력을 다하지만, 결혼 후 10년 동안 아이는 생기지 않고 언니는 병을 얻어 투병 생활을 하게 된다. 정 작가는 대학교를 졸업한 후 방송국에 취업을 하고 그길로 원룸을 얻어 독립을 한다. 그리고 틈틈이 취미로 자전거를 타는데, 언니가 병원을 오가며 투병 생활을 하던 시기에도 그녀는 자전거를 타며 해방의 시간을 보내고 있었다.

생각해보면, 인도에 살았던 게 15년 전 일이다. 벌써 그렇게나 됐나? 그때 나는 찬디가르시 섹터16A에 살았었다. 사이클릭샤를 탈 수도 있었지만, 외국인에게 워낙 사기를 많이 치기에, 나는 평소 자전거를 하나 운용했었다. 인도로 가져간 몇 권 안 되는 김연수 소설도 세 번, 네 번 읽어 이따금씩 심심해질 때면, 이어폰을 귀에 꽂고 자전거에 올라타 거리로 나갔다. 한여름에는 기온이 50도까지 올라 인도 사람들도 응달에서 쉬는 마당에, 나는 아랑곳하지 않고 자전거를 타고 섹터14에 위치한 펀자브대학교까지 달렸다. 누가 봐도 외국인이었겠다고? 맞다. 인정한다. 그렇게 자전거를 타고 펀자브대학교 캠퍼스를 구경하며 커피도 사 마시고, 도서관에도 들어갔었다. 어떤 날에는 찬디가르시에서 10킬로미터 이상 떨어진 도시 모할리까지 나간 적도 있는데, 비가 오면 비를 맞으며 콧노래를 부르기도 했다. 룸메이트는 벼락을 맞거나 차에 받혀 죽지 않은 게 기적이라고 말했지만, 나는 꼭 그렇게 달려야만 했다.

소설에서 다리를 다치고도 기어코 자전거를 타러 나가는 정 작가를 보면서, 50도의 내리쬐는 태양에도, 갑작스런 스콜성 폭우에도 거침없이 나섰던 나의 자전거 여행과 그 이국적 풍경이 떠올랐다.

　소설을 보면, 정 작가는 '통념' 속에 갇혀 사는 사람을 경멸하는 걸로 나온다. 반대로 언니는 '통념' 속에 갇혀 사는 사람을 경멸하는 사람을 경멸하는 걸로 등장한다. 왜냐하면 언니 입장에서 그들은 통념에 갇혀 산 게 아니라 어쩔 수 없이 통념 뒤에 숨어 산 것이었기 때문이다. 통념을 거부하려면, 새롭게 자신의 인생 행로를 창조적으로 재구성할 수 있어야 하는데, 그게 또 여간 복잡하고 어려운 일이 아닌가? 그렇게 통념을 벗어나 살기를 바란 동생과 통념 속에 숨어 살아간 언니는 고로 서로 결별할 수밖에 없었을 것이다. 하지만 소설 속 "그녀가 질투한 것들이 어김없이 당신의 결점들이었다는 사실이었다."(49쪽)라는 문장에서처럼 언니는 통념을 벗어난 동생 정 작가의 단점일 수 있는 평범함 전부를 부러워한다. 통념을 벗어나 결혼을 하지 않았고 — 물론 아이도 없고 — 안정된 직장에 들어가지 않았으며 독립해서 초라하지만 자전거를 타며 사는 그녀의 독자적 인생 전부를 말이다. 동생이 다가가려 하면 할수록 언니가 멀어졌던 이유, 그러니까 언니가 멀어지고 나면 동생이 더 차가워졌던 이유는 바로 여기에 있지 않았을까?

　소설에서 언니가 임신중절 수술을 받고 나서 동생 정 작가와 관계가 어색해진 건, 동생에게 '통념'을 보기 좋게 벗어난 좋은 모델이 되어줄 수 없다는 점 때문이었을 것이다. 그리고 그렇게 벌어진 어색함의 거리는 언니가 죽을 때까지도 끝내 회복되지 못한다. 김연수는 「우는 시늉을 하네」에서, "최선을 다해도 안 되는 일이 이 세상에는 수두룩하다는 사실에는 변함이 없었다."(218쪽)라고 말한다. 누구에게나, 매사 모든 일이 그렇다. 내 입장에서 최선을 다할 수는 있지만, 그렇다고 해서 항상 최선의 결과가 뒤따르지는 않는다는 말이다. 그게 관계든, 일이든, 뭐든 간에 아무리 정성을 쏟고 또 쏟아도, 이상적인 결과와는 무관하다는 것. 오직 그것, 그 사실 말이다. 하지만 그렇기 때문에 기왕 무언가에 내 시간과 열정을 쏟아야 한다면, '통념'과 상관없이 내가 하고 싶은 것 그 자체여야 한다고 믿는다. — 물론, 통념 뒤에 숨는 것도 문제없다. 유복한 사람을 만나 아이 낳고 사는 게 뭐가 그렇게 잘못인가? — 그게 누군가의 눈에는 무의미해 보이는 자전거 페달을 밟는 행위에 지나지 않는다고 하더라도. 화상에도 불구하고, 그러니까 그럼에도 불구하고 언제든지 기쁜 마음으로 나설 수 있는 것이라면. 그거면 이미 충분할 테니까.

32

황홀

나는 당황한다. 사랑받는다는 것은 황홀하구나.

「노랑무늬영원」, 『노랑무늬영원』, 283쪽

    그림을 그리던 현영은 불의의 자동차 사고로 왼손에 심각한 부상을 입게 된다. 어쩔 수 없이 그녀는 과도하게 오른손만 사용하면서 결국 양손 모두를 자유롭게 사용하지 못하게 된다. 그러면서 남편의 도움 없이는 아주 쉬운 일도 혼자 처리하지 못하는 처지가 되는데, 자연스럽게 남편과의 관계는 소원해진다. 사고 후 2년의 재활 기간을 거쳐 오랜만에 작업실에 간 현영은 거기서 친구 소진의 전화를 받는다. 소진이네 집 근처에 사진관이 있는데, 거기에 현영의 사진이 걸려 있다고. 현영은 그곳에서 오래전에 맡기고 찾아가지 않은 사진들을 찾게 되고, 잊고 있던 인성을 떠올린다. 스물네 살 때, 집 근처 북한산에 일요일마다 올랐는데, 우연히 만난 그와 앞서거니 뒤서거니 대동문까지 올랐던 기억을, 그리고 발을 접질린 현영을 업고 땀을 뻘뻘 흘리며 내려왔다가, 그와 연락처조차 교환하지 못하고 헤어졌던 기억들을 말이다. 현영은 소진이네 집에서 뜻밖에 환대를 받고, 노랑무늬영원이라는 소진의 큰아들 진욱의 — 새 발이 돋아난 — 애완 도마뱀을 보게 된다. 그리고 같이 나와 아파트 뒤뜰을 함께 걷는데, 현영은 저녁까지 먹고 가라는 아이들의 재촉에 "사랑받는다는 것의 황홀함"을 새삼 느낀다.

소설에도 나오지만, 네 살배기 아들이 53층 아파트에서 추락사한 후에 에릭 클랩튼이 만들었다는 〈Tears in heaven〉 말이다. 나는 딸아이가 너무나 건강하게 잘 자라고 있어서, 네 살짜리 아이의 추락사가 어느 정도의 슬픔일지 가늠할 수 없지만, 그 사건이 에릭 클랩튼에게 얼마나 큰 충격이었을지는 짐작할 수 있겠다. 예전에 인도에서 2년이나 살게 될지는 짐작도 못 하고 지내던 찰나, 상한 죽순(竹筍)을 잘못 먹고 배탈이 난 적이 있었다. 룸메이트도 모두 고향으로 떠나고 아무도 없는 기숙사에서 혼자 죽을 쒀서 먹으며 하루하루를 버텼다. 물만 먹어도 토악질을 하고, 설사를 하던 때라서, 방에서 부엌까지 기어서 간 적도 있었다. 지금 인도에서 뭐 하고 있는 건가? 수백 번도 넘게 이 생각을 했었다. 인도행을 결정한 내 선택 자체를 저주하면서 살기 위해 뱀처럼 방과 주방을 기어 다녔다. 일주일 만에 돌아온 룸메이트가 날 데리고 급하게 근처 병원에 갔는데, 거기서 주사를 맞고 갑자기 호흡 곤란이 왔다. 숨을 쉴 수가 없어 아프다고 말도 못 하고 바닥에 쓰러져 주먹으로 꽉 막힌 가슴을 내리쳤는데, 그때 룸메이트가 의사 멱살을 잡고 욕지거리를 퍼붓던 게 생각난다. 살려내라고. 이 친구를 살려내라고. 군대까지 미뤄가면서 감행했던 인도행은 과연 좋은 선택이었나? 이 생각을 다시 하면서 바닥에서 가슴을 부여잡고 잘못된 선택이었다고, 더 좋은 선택지가 있었을 거라고, 생각하고 또 생각하고 있었다.

소설에서 현영은 자동차 사고로 분명히 왼손을 신경이 완전히 끊어질 정도로 다쳤지만, 어떤 이유에서인지 오른손도 거의 사용하지 못한다. 물론 왼손을 사용하지 못해서 과도하게 오른손을 사용하게 됐고, 그 결과 오른손도 사용할 수 없었다고 말하지만, 나는 이게 의학적인 문제라기보다는 심리적인 문제라고 생각했다. 그랬던 그녀가, 미술 교사를 그만둔 후 결혼하고 아이를 키우는 소진이 붓질을 하던 손으로 아이들과 예쁜 떡을 만든 걸 보고, 소아마비로 다리를 저는 사진관 남자가 부지런하게 움직이며 직접 액자를 만드는 모습을 보면서, 잊고 있었지만, 세 번의 결혼과 세 번의 이혼에도 불구하고 93세로 죽기 직전까지 손에서 붓을 놓지 않았다는 Q의 유작전 도록과 Q의 생애에 대한 기억을 더듬어가면서, 서서히 인식을 전환하게 된다. "내 생에서 중요한 것들은 아무것도 변하지 않으리라 생각했던 자만"(248쪽)을 반성하며 "내 두 손목에서 돋아난 투명하고 작은 새 손"(295쪽)을 스스로 분명하게 재인식하게 된 것이다.

인도에서 돌아온 후에, 나는 군에 다녀와서 당장 인도로 돌아갈 계획이었다. 역설적이지? 그렇게 저주했는데도 말이다. 거기서 만난 친구들이 보고 싶다는 생각에, 빨리 돌아가 인도 사람들에게 전문적으로 한국어를 가르치자고 생각했었다. 지금 생각해보면 허무맹랑한 말이지만 인도 여자랑 결혼할 계획까지 세울 정도로 나는 꽤 진지했었다. 그리고 나는 그게 당장이라도 가능하리라 굳게 믿었다. 그런데 나이 40이 넘은 지금까지도 나는 인도로 돌아가지 못하고 있다. 내 인생에는 많은 변화가 있었고, 인도는 그렇게 사라져갔다. 소설에서 현영을 북한산에서부터 업고 내려왔다는, 구기동에 산다는 최인성인지, 확실하지 않은 그 남자가 미국으로 떠났고, 거기서 부모님 가게를 돌보다 총에 맞아 죽었다는 이야기를 들으면서, 현영은 다시 다짐했으리라. 아무것도 변하지 않으리라는 생각이 완전한 자만이었음을. 그러므로 변한 건 변한 거고 그 변한 상황에서 내가 할 수 있는 것들을 해내는 것이 곧 황홀경(恍惚境)임을. 소설 말미에 꿈에서 봤다는 새로 돋아난 손 이야기를 읽으면서 이 소설의 제목을 납득하게 됐다. 믿기 힘들겠지만, 나도 두 손, 두 발 다 잘렸다고 내 선택을, 내 신세를 푸념하던 때가 있었다. 그런데 가만 보면 그게 다시 자라고 있었음을, 그래서 갈지자로 휘청거리면서도 그런대로 황홀경을 누려왔음을 이제야 고백할 수 있겠다. 그렇게 가끔 휘청거려도 괜찮다는 걸 말이다.

33

가면

진실이란 내가 조절할 수 있는 영역이라는 거였다.

「손가락」, 『그대의 차가운 손』, 62쪽

    운형은 살아 있는 사람에게 석고를 부어 작업하는 라이프캐스팅 방식을 선호하는 조각가이다. 그는 부유한 외할아버지 집에서 대부분의 유년 시절을 보내는데, K대학교 교수인 아버지와 사교 생활에 목매는 어머니, 그리고 돈 벌어 독립하고 싶어 하는 고모와 술주정뱅이 외삼촌, 그리고 두 명의 여동생과 함께 산다. 외삼촌은 군에서 총기 사고로 엄지와 검지를 잃었는데, 그 후 이상하게도 운형은 그 보일 듯 말 듯 잘린 손가락에 매료되기 시작한다. 하지만 그가 손가락을 아무리 보려고 해도, 외삼촌은 노련하게 숨긴다. 운형은 미소로 무장했으나 실상은 어두운 어머니와 인자하지만 뱀 같은 자식이라 비난받는 아버지를 보면서, 사실과 진실 사이의 간극에 대해서 고민하기 시작한다. 특히 안경을 끼기 시작한 후로는 이런 경향이 더 강해진다. 고모가 독립하기 위해 일식집에서 일하며 돈을 모으는데, 그 돈이 사라지자 그 당시 안경이 부러진 상태였던 운형이 유력한 용의자로 몰린다. 그때 운형은 그 돈을 훔치지 않았지만, 그들이 원하는 대답을 순순히 들려주고 그 상황을 모면한다. 오히려 실제 그 돈을 훔쳤던 둘째 여동생을 비호해준 꼴이 되어 성인 취급도 받는다. 후에 외삼촌의 장례식에서 처음으로 잘린 손가락을 보게 되는데, '사실'로 등장한 잘린 손가락이 너무 초라해서 자신이 '속았다'고 생각한다.

김훈의 『칼의 노래』를 보면, 전공(戰功)을 부풀려 임금을 능멸한 죄목으로 이순신을 죽여야 한다는 분위기가 조정에 팽배한 상황에서, 김수철은 명량에서 있었던 공과를 사실 그대로 적어 장계 초안을 작성한다. 이순신은 이 장계를 보고 "정직한 만큼 어리숙했다."(114쪽)고 평하고 명량에서의 전공을 대폭 축소하는 방향으로 그 장계를 완전 수정한다. 이순신이 수정한 장계가 비록 사실은 아닐지 몰라도, 두말할 나위 없는 진실이라는 점에서 중요한 지점이 된다. 소설에서도 보면, 운형은 고모의 돈이 사라졌을 때 자신이 훔치지 않았다는 사실을 가족들에게 여러 차례 말한다. 하지만 외조부, 아버지, 어머니, 고모, 여동생까지 모두 운형이 그 돈을 훔쳤다고 말해야 하는 것처럼 분위기를 조성해간다. 찐한 회초리를 열 대 맞고 나서야 버티던 운형은 자신이 훔쳤다고 선언하고, 그때서야 가족 모두는 화색이 돈다. 심지어 그는 없는 돈을 만들기 위해서 아껴온 저금통을 깨고 은행에 들러 돈까지 바꾸어 오는데, 이렇게까지 하고 나서야 운형은 큰일을 할 사람, 정직한 사람이란 말을 듣게 된다. 이게 참 진실의 역설이 아닌가?

반장이 된 운형은 선생님의 명으로 반 아이들이 제출한 '탐구생활'을 평가하고 미제출자 명단을 작성한다. 그런데 정작 석 달 동안 자신은 '탐구생활' 숙제를 하지 않는다. 나중에 이 사실을 반 친구들이 알게 되는데, 운형은 당황하지 않는다. 왜냐하면 진실은 "내가 조절할 수 있는 영역"(62쪽)이었으니까. 자신은 책을 더럽히기 싫어서 노트에다가 '탐구생활'을 했다고 선언하고, 밤새 숙제를 해 간다. 석 달이라는 시간차를 고려해서 필체까지 달리한다. 다음 날, 노트를 들고 나타난 운형에게 그 누구도 불만을 제기하지 못한다. 그의 진실이 승리한 것이다. 이제 운형은 진실과 사실이 다르다는 사실을 넘어 그 진실 자체를 자신이 '재구성'할 수 있다는 확신에 이르게 된다. 나는 이 지점에서 운형이 왜 '조각가'가 되었는지 짐작할 수 있었다. 진중권은 『미학 오디세이 3』에서 "작품의 진리는 존재자의 재현(representation)이 아니라 존재의 현시(presentation)에 있다."(118쪽)고 말했으니. 얼마 전 윤현구 작가 개인전에 다녀왔는데, 그저 그런 존재자의 재현이 아니라 '금장벽화기법'으로 구현된, 완연한 존재의 현시(presentation)에 정신을 놓고 관람했던 기억이 난다. 운형에게 그의 진실, 라이프캐스팅이 있다면, 윤현구 작가에게는 '금장벽화기법'이라는 진실이 있는 것이다.

물론 나처럼 딱히 예술이라고 할 게 없는 인생이라고 하더라도, 때에 따라 진실해야 할 순간도 있고, 사실에 입각해야 할 때도 있다. 소설에서도 운형의 아버지가 죽었을 때, 운형의 두 여동생과 계모 사이에서 유산과 어머니와의 합장 문제로 갈등이 생긴다. 계모는 아버지를 어머니와 합장하는 것을 강하게 반대했고, 두 여동생은 값이 나가는 유산을 계모와 그녀의 두 아들이 받는 것에 아연실색하며 목소리를 높였기 때문이다. 이 사이에서 오직 운형만이 "이 모든 소란이 다만 부산스러울 뿐이었다."(182쪽)라고 덤덤히 고백하는데, 여기서 그는 각자가 진실이라고 믿는 것에서 멀리 떨어져, 장례식장에 놓인 아버지의 시신을, 그러니까 그의 죽음을 있는 사실 그대로 받아들인다. 김중혁은 「바질」에서 "생각이 많아질 때는 늘 좋은 생각보다 나쁜 생각이 더 많아진다"(92쪽)라고 썼다. 진실을 찾으려면, 어찌됐든 생각을 많이 해야 하는데, 그러다 보면 차갑고 나쁜 진실로 흐를 가능성이 높다는 뜻일 듯. 그렇게 되면? 억울해지고, 뭔가 나만 바보 같고, 화가 나고 그러지 않을까? 사실에 주목해야 할 때, 진실하게 반응하고, 반대로 진실한 답을 찾아야 할 때 사실에 입각해 심드렁해진다면, 그거야말로 천하의 바보가 아닐지. 누군가 열심히 뭔가를 하고 있는데, 희한하게 바보 같아 보인다면, 아마 가면을 벗어야 할 때 가면을 썼고, 가면을 써야 할 때 가면을 벗었기 때문일 듯. 때로는 사실로만. 하지만 때에 따라 진실하게. 바로 그렇게!

34

사랑

오래전부터 이 아이는 따뜻함과 사랑을 혼동해왔다.

「성스러운 손」, 『그대의 차가운 손』, 168쪽

운형은 자신의 첫 전시회에 온 뚱뚱한 L의 작은 손을 보고 예쁘다 생각해 작업을 한다. L은 다양한 재료로 손을 제작했는데, 어떤 방식을 사용하더라도 자신의 흔적을 제거할 수 없었기에 실제 타인의 손을 라이프캐스팅으로 뜨려던 참이었다. L은 처음에는 손, 그 후에는 전신을 라이프캐스팅으로 석고를 뜨게 되는데, 그 과정에서 어릴 때 계부한테 반복적으로 성폭행을 당했음을 고백한다. 그리고 그 경험이 폭식으로 이어졌고, 일부러 뚱뚱해지는 걸 선택했다고 말한다. 어느 날, 좋아하는 오빠가 생겼다며 갑자기 다이어트를 하러 간다는 L, 시간이 흘러 우연히 나타난 그녀는 40킬로그램을 감량해서 50킬로그램 중반의 탄탄한 몸을 가지고 등장한다. 하지만, 운형은 어릴 적 외삼촌의 손처럼 그녀의 손,

엄지와 검지 사이의 흉터에 주목하는데, L은 단시간에 폭식을 하고 바로 손가락을 입에 넣어 구토하는 식이장애를 겪고 있었던 것이다. 구토만으로는 불안했는지, 변비약을 먹고 러닝머신까지 사와서 무리하게 유산소 운동을 하는 L. 운형과 작업실에서 함께 지내며 어느 정도 건강을 회복하지만, 좋아했던 오빠한테 연락을 다시 받으면서 그녀는 초조해하기 시작한다. L은 여전히 자신의 몸매가 준비되지 않았다고 생각한 것이다. 어느 날 아버지가 돌아가셨다는 연락을 받고 운형이 작업실을 사나흘 비운 사이, L은 그녀 몸으로부터 완성된 작품 모두를 부수고 홀연히 사라진다.

생각해보면, 누구나 다 그렇겠지만, ─ 물론 아닐 수도 있고 ─ 부모님이 나보다 형(오빠)이나 누나(언니)를 더 좋아한다고 믿던 때가 있었을 것이다. 지금이야 설사 그렇다고 하더라도 부모님의 선택을 존중하겠지만. 나의 경우, 초등학교 4학년? 그때는 감히 그렇게 생각할 용기가 없었던 것 같다. 애송이. 친구들이랑 급식을 먹으러 가면 5분도 안 걸려 잔반을 1도 남기지 않고 전부 먹었다. 음식이 입안을 가득 채웠을 때 오는 그 포만감은 이루 말할 수 없을 정도로 따뜻했다. 뭔가 잘못을 했고, 부모님이 형과 비교하며 혼을 내면, 나는 그렇게 입속을 채우며 그 포만감에 취해 있었다. 소설에서 L이 폭식하는 모습을 보면서 순간적으로 초등학교 4학년 때를 떠올린 건 그래서였던 것 같다. 어릴 적 계부한테 받았던 성폭행은 자기 자신을 함부로 대해도 되는 존재로 여기게 만들었을 것이고, 이는 가학적 폭식으로 이어졌다. 그런데 간호사였던 엄마가 계부의 성적 학대를 대놓고 방관했다는 점에서 뭔가 기분이 쓸쓸했다. L이 운형한테 "음식이 내 엄마구요."(114쪽)라고 말하는 부분에서는 뻔한 결과지만 '애정결핍'을 떠올릴 수밖에 없었다. 엄마는 계부를 더 사랑하고, 그래서 성폭력을 당했다는 L의 말은 절대 안 믿었을 거라는 식의 해석 말이다.

은희경은 『그것은 꿈이었을까』에서 "흉터들을 다 합해 수식을 만든다면 그 흉터를 지닌 사람의 인생이 값으로 나올지도 모른다."(60쪽)라고 말했다. 소설에서 L은 운형을 우연히 다시 만났을 때 검지와 엄지 사이에 '흉터'가 생겨 있었다. 일부러 먹은 음식을 게워내기 위해 검지와 엄지를 입속으로 넣었고, 치아와 부딪혀 상처가 생겼던 것이다. 이럴 거면 안 먹으면 되지 않냐고? "음식이 내 엄마구요."(114쪽) 더 이상 할 말이 없다. 운형의 말처럼, 식이장애가 있는 사람들은 보통 심장마비로 죽는다는데, 이렇게 위험하면 안 먹으면 되지 않느냐고? "음식이 내 엄마구요."(114쪽) 진짜 더 이상 할 말이 없다. 밤새 러닝머신을 하면서 넘어져 피를 흘리기도 했다고? 그럴 거면 그냥 먹지 말라고? "음식이 내 엄마구요."(114쪽) 이제 그만하겠다. 월요일부터 금요일까지 열심히 일을 해서 번 돈으로 그녀는 음식을 사고 폭식을 한다. 그러고 나면, 다시 토하고, 토하고 나면 변비약을 먹고, 러닝머신을 뛴다. 여기에는 이 명제만이 있을 뿐이다. "음식이 내 엄마구요."(114쪽) 이 유혹을 뿌리치기는 어려웠을 것 같다. 그 흉터가 수식하는 L의 인생은 이런 셈이다.

나는 딸아이가 나중에 커서 '따뜻함'과 '사랑'을 혼돈하지 않았으면 좋겠다. 왜냐하면, 이건 딸아이가 애정결핍이라는 걸 의미하는 것 같아, 아빠로서 매우 부끄러울 것 같기 때문이다.『라캉과 현대 철학』에서 홍준기의 지적처럼, "사랑이란, 소유하고 있지 않은 것을 주는 것(라캉, 데리다), 혹은 두 개의 결핍이 만나는 것(라캉)이다."(xv) 그게 어떤 종류의 따뜻함이건, 아빠랑 엄마한테 받지 못했던 그 따뜻함을 우리 딸은 누구한테서라도 받을 수 없을 것이기에. 원래 사랑이란 소유하고 있지 않은 것을 주고받는 것, 주고받았어도 결핍인 상태 그 자체를 말하니까 말이다. 하지만, 살면서 나도 저 착각 속에 사는 사람들을 많이 봤다. 따뜻함을 플러팅(flirting)으로 오인하고, 그 사람을 사랑한다고 믿고 있다가, L처럼 폭식증, 거식증에 걸릴 만큼 자기혐오 속에서 몸부림치는 사람들을 꽤 많이 봤었다. 솔직히 나라고 여기에서 자유할 수 있을까? 따뜻함은 따뜻함이고 사랑은 사랑인데 말이다. 그런 의미에서 난 우리 딸이 커서 따뜻함과 사랑만 구별해도 아빠로서 더 이상 바랄 게 없을 것 같다. 본래 줄 수 없는 것을 근거로 스스로를 혐오하고, 받을 수 없는 것을 받지 못해 힘들어하는 모습을 차마 볼 수 없을 것 같다. 어릴 적 부채가 계산되지 않았을 때 나타나는 일종의 채무 귀환. 난 아직도 이런 게 너무나, 너무나 무섭다.

35
선

어느 선까지는 어렵지 않아 보이지만, 곧 힘들어져.

「가장 무도회」, 『그대의 차가운 손』, 204쪽

    L이 떠난 후, 운형은 L의 손을 뜬 조각을 인테리어 업자 E를 통해 알게 된 고객에게 판다. 처음 E를 만난 자리에서 운형은 그 청결한 미소와 적당하면서 넘치지 않는 행동거지에 묘한 흥미를 느낀다. 얼마 후 사적인 만남으로 E의 집에 가게 된 운형은 모형 집을 만드는 E의 취미를 보고 어린아이 같다고 생각한다. 그 후 운형은 E를 보고 들었던 묘한 감정을 조형물로 구현하려고 하지만, 그가 만들 수 있는 것이란 난형(卵形)의 조각뿐이었다. 작업실에서 실수로 운형의 조각품을 파손한 E에게 그 대가로 얼굴 모델을 제안하고, E는 마지못해 승낙한다. 운형은 E의 얼굴에 스타킹을 씌우고 석고를 부어 라이프캐스팅을 하는데, 비현실적으로 침착한 그녀의 모습에 놀란다. 운형은 석고를 부어 일곱 개의 조각을

만들고 다른 채색으로 E의 얼굴 조각을 완성한다. 하지만 그 후 운형을 피하는 E를 다시 집요하게 찾아가 전체 몸에 라이프캐스팅을 하게 된다. 하지만 움켜쥔 왼쪽 주먹을 억지로 펼쳐 석고를 부으려는 찰나, 잘 참던 E는 흥분하게 되고, 작업은 엉망이 된다. 그러면서 자신이 왜 왼손을 펴지 않았는지 이유를 말하는 E. 잠시 후 E는 자신의 석고 마스크를 쓰고 운형의 목에 칼을 댄 채로 운형이 자신에게 했던 작업을 그대로 운형에게 한다. 고통 속에서 발버둥치는 운형을 조롱하며 작업을 완료하고, 완성된 껍데기를 모두 부숴버린다.

일단 영화 〈굿 윌 헌팅〉 이야기부터 해야겠다. 안 본 사람은 있어도 한 번만 본 사람은 없다는 바로 그 〈굿 윌 헌팅〉 말이다. 윌은 스카일라와 사랑에 빠진다. 다만 윌은 어느 정도 '선'까지만 스카일라가 다가설 수 있도록 하고, 그 이상의 여지는 주지 않는다. 개인적으로 너무 좋아하는 로빈 윌리엄스는 이 영화에서 심리학 교수로 나오는데, 로빈 윌리엄스가 윌과 상담하면서 그를 몰아세울 때, "너는 뭘 좋아하냐는 가장 쉬운 질문에도 쉽게 답하지 못하지."라고 말한다. 그러니까 그 쉬운 질문에도 말 못 할 어떤 '선'이 있는 것이다. 그런데 이런 넘지 못할 '선'을 운형이 E를 보고 느낀다. 운형은 E를 처음 봤을 때, 습관적으로 손부터 보는데, 그녀의 청결한 이미지와 달리 손이 너무 축축해 보였다고 말한다. 이상하지? 왜 축축했을까? 아마 너무 꽉 쥐고 있었기 때문이 아니었을까? 그러면 왜 꽉 쥐고 있어야 했을까? 운형이 E의 집에서 그녀와 처음으로 관계를 맺을 때도 불부터 끄는 E. 대체 그녀는 뭘 감추고 싶었을까? 대체 그 축축한 손 이면에는 무엇이 있냐는 말이다.

　김경주의 시집 중에『나는 이 세상에 없는 계절이다』가 있다. 지금도 그렇지만, 처음 이 시집을 알았을 때부터 나는 이 제목을 사랑했다. 이 시를 계절마다 읽으며, 스스로를 5계절이라고 말하고 다녔을 정도니까. 그런데 이 제목이랑 너무 잘 어울리는 인물이 소설 속 E였다. 운형이 그녀를 자주 만나면서도, 막상 그녀의 얼굴을 조각하려고 자리에 앉으면 난형(卵形)만 만들었던 건 바로 그런 이유였을 것이다. 마치 무채색처럼 그 상황에 정확하게 맞는, 군더더기가 전혀 없는 움직임만 보이는 E의 행동거지가 정확하게 그녀가 누구인지, 어떻게 생겼는지를 떠올릴 수 없도록 만들었을 것이기 때문이다. 이런 사람이야말로 이 세상에 없는 계절, 5계절이 아닐까? 과거 운형도 저런 행동을 통해 학창 시절 학교에서 유능한 반장으로 인정받고, 집에서는 성인군자로 추앙되고, 동네에서 유명인사가 되지 않았나? 그런 그가 E에게 묘한 관심을 가지게 된 건 그런 의미에서 당연할 것이다. E가 어릴 적 6손으로 놀림감이 되고, 인천으로 이사를 온 후 수술을 받았으나 여전히 6손의 손아귀에서 벗어날 수 없었음을 알았을 때, 그때서야 나는 E의 '선'을, 그러니까 그녀의 축축한 손을 이해할 수 있게 되었다.

밤샘 인테리어 작업을 마치고 늦잠을 잔 E와 운형이 우동집에 가서 식사를 할 때, 운형은 E가 국물을 마시고, 단무지를 씹는 모습을 보고 연신 키스하며 이렇게 말한다. "견딜 수 없이, 그것들은 진짜였다."(285쪽) 그러니까 그 순간만큼은 그 '선'들이 모두 사라졌다고 느꼈을 것이다. 문득 초등학교 5학년 때가 생각난다. 그때 처음으로 카세트테이프를 샀는데, 그게 서지원 2집이었다. 얼마 뒤 그가 자살했는데, 한동안 테이프를 들으며 그 서글서글함 뒤에 있었을 내가 감히 넘지 못할 '선'들을 떠올렸었다. 무대 위의 그의 모습이란 운형이 만들었던 석고 껍데기, 혹은 E의 축축한 손 정도에 불과하지 않았나 생각하며 말이다. 대학교에 입학한 첫 만우절, 정말 거짓말처럼 장국영이 죽었다는 소식을 뉴스로 접했다. 너무나 장국영을 좋아했고, 그가 나온 홍콩 영화 전부를 섭렵했을지라도 그가 자살한 이유까지 알 수 없다는 사실에 나는 꽤 좌절했었다. 김연수는 『사랑이라니 선영아』에서 "혼신의 힘을 바쳐 사랑한다고 해도 우리가 모르는 부분은 영영 남게 된다."(119쪽)고 말했다. 맞다. 그 껍데기 뒤에 '진짜' 뭐가 있는지, 내가 무엇을 했더라도 영영 알 수 없을 어떤 선이 있었을 것이기에. 그래서 하는 말이지만, 난 단 한 번도 아내와 딸을 다 안다고 생각한 적이 없다. 그건 엄마도 마찬가지고, 아빠도 그렇다. 그럴 수도 없고, 그래서도 안 된다. 그냥 매 순간 알고 싶다고 말할 수 있을 뿐이다. 내 앎이라는 게 껍데기 뒷면, 넘을 수 없는 선 그 어디쯤일지라도.

36

관찰

나는 어머니 같은 여자가 될까 봐 은밀히 두려워했다.
「플랑크의 시간」, 『바람이 분다, 가라』, 49쪽

　인주는 의사였던 아빠를 교통사고로 잃고, 알코올중독으로 고생하던 엄마는 자살해버린다. 그 후 인주는 외삼촌과 함께 살게 되는데, 동기보다 한 살이 많은 인주에게 친구가 없을 거라는 판단에 외삼촌은 생일에 친구 한 명을 데리고 오라 하고, 인주는 정희를 데려간다. 정희는 주말에는 여대 근처에서 경양식집을 운영하는 어머니를 돕고, 주중에는 어머니를 대신해 아버지와 오빠를 모시며 집안 살림까지 도맡는다. 그러다 인주를 따라 집에 방문해 거기서 외삼촌이 그린 그림을 보고, 그 집에 있는 순간만큼은 경양식집에서 일을 하고 집에서 살림을 하는 존재가 아니라 다른 존재가 되었다고 느낀다. 역설적이게도 육상선수가 꿈이었던 인주가 화가가 되었고, 화가가 꿈이었던 정희는 영문과를 나와 번역일을 하게 된다. 최근 1년 동안에는 인주가 작업실로 찾아오지 못하게 했고, 정희 집에서 인주, 인주의 아들 민서 이렇게 셋이서 시간을 보내게 된다. 그러던 어느 날, 새벽 1시경 인주한테 전화가 왔었는데, 정희는 그 전화를 받지 못했고, 세 시간 후 인주가 미시령 고개에서 자동차 사고로 죽었다는 연락을 받는다. 그런데 평론가 강석원이 이 사고를 자살로 신격화해서 『미술정신』에 추모 특집 기사를 내고, 서인주 평전도 같은 기조로 써버린다. 인주가 자살할 이유가 없다고 믿는 정희는 그 작업을 멈추려고 노력하지만, 강석원은 조금도 물러서지 않는다.

유명한 사회심리학자 중에 앨버트 반두라라는 분이 있다. 이분의 이론에서 가장 중요한 것은 이전에는 비슷한 부류로 치부되던 '모방'과 '관찰학습'을 분리한 것이다. 예를 들어, 우리가 운전 중이라고 생각해보자. 도로에 장애물이 있는데 앞차가 그 장애물을 보지 못하고 덜컹거리며 지나가면, 뒤차는 그 장애물을 피해서 덜컹거리지 않으려 회피 운전을 하게 될 것이다. 만약 모방이 학습이라면, 뒤차도 앞차와 똑같이 무목적적으로 장애물을 지나 덜컹거리며 지나가야만 한다. 하지만 우리는 그 누구도 그렇게 하지 않는다. 왜? 우리는 '인지'를 가지고 있기 때문이다. 그래서 반두라는 『사회적 학습이론』에서 무목적적으로 따라하는 모방은 학습이 아니고, 관찰해서 '인지적 재구조화'가 발생한 경우에만 학습이라고 말할 수 있다고 밝혔다. 이게 관찰학습의 주요 골자다. 갑자기 관찰학습 이야기를 왜 하느냐면, 여기서 중요하게 고려되어야 하는 게 바로, '모델'이기 때문이다. 누군가가 어떤 모델을 보면서 어떤 식으로 모델링을 하느냐에 따라서, 관찰학습의 결과가 완전히 달라지기 때문이다.

소설을 보면 정희는 어머니를 벗어나고 싶어 한다. 왜냐하면 어머니는 자신이 무엇을 원하는지를 꽁꽁 숨기는 인물로, 정희 눈에는 그저 아버지의 명령에 복종하고 아들의 사회적 성공에 만족하는 여자였기 때문이다. 그러면서 어머니는 유일하게 정희한테만 무언가를 당당하게 요구했는데, 정희는 엄마처럼 살기 싫었다고 고백하면서도 엄마의 요구를 외면하지 못한다. "그런 점에서 나는 어머니와 가장 닮은 자식이었다."(49쪽) 여기서 드는 생각, 뭔가 이상하지 않나? 정희는 어머니처럼 살고 싶지 않았다고 고백했지만, 어째서 그녀는 점점 어머니를 닮아간 걸까? 이걸 관찰학습 말고는 다른 방법으로 설명할 길이 없다. 그러니까 좋은 부모, 좋은 친구, 좋은 동료가 되어야 하는 이유는 바로 여기에 있다. 누군가 우리를 모델링하고 관찰학습 할 수 있기 때문이다. 정희가 원했든 원하지 않았든 그녀에게 가장 강력한 모델은 바로 어머니밖에 없었다. 그녀는 인주 외삼촌이 좋아한다던 안견의 〈몽유도원도〉를 보러 전시회에 가는데, 아들이랑 남편은 차에 남는다. 정희는 두 번째 유산을 한 직후였지만 남편은 차에서 잠을 잘 뿐이다. 이런 분리된 결혼 생활은 아빠와 오빠를 제외하고 집안 살림을 하며 홀로 경양식집을 운영하던 어머니의 삶과 크게 다르지 않은 삶이 아닌가? 정희가 원했든, 원하지 않았든 어머니는 그녀의 모델이었고, 그러므로 어머니의 결혼 생활이 가장 일반적인 결혼 생활로 정희의 인지 구조를 재구성했을 것이다.

인주 외삼촌은 집에서 그림을 그리고 있었지만, 사실 그는 — 혈우병 때문에 중퇴하기는 했어도 — 물리학을 전공한 사람이었다. 그런 그가 정희한테 마크 로스코를 소개했을 때, 나는 모델링을 다시 생각하게 되었다. 로스코는 작년에 이어 올해에도 국내에 전시회가 열린 적이 있어 한국에서도 대중적으로 알려진 화가다. 그런데 그는 정식 코스를 밟은 화가가 아니라는 점에서 유별난 시사점이 있다. 1922년 예일대학교에 입학해서 니체 철학과 그리스 신화에 심취하는데, 어려운 가정 형편 때문에 2학년을 마치고 대학교를 중퇴한다. 그러고는 뉴욕으로 건너가 예술가로서 작품 활동을 시작하는데, 그림을 전문적으로 배운 적이 없는 로스코를 외삼촌이 정희한테 소개하는 게, 이게 정말 우연이냐는 말이다. 외삼촌이 물리학을 포기하고 그림을 선택했을 때, 이 심사숙고의 과정에서 얼마나 로스코를 모델링했을지 두말할 필요는 없을 것이다. 나는 지금도 책상에 앉아서 뭘 하는 걸 좋아한다. 그런데 이 행위는 운동을 좋아하고 친구들과 노는 걸 좋아했던 나의 평소 경향과는 사실 어울리지 않는다. 여기에서 아버지의 공이 컸다는 점을 인정할 수밖에 없을 것 같다. 어릴 적, 아버지는 항상 서재에 앉아 뭔가를 읽고, 쓰고 계셨다. 어떨 때는 TV 자체를 일절 보지 않으시고 읽고, 쓰고만 계셨던 적도 있었다. 내가 지금 하고 있는 읽고 쓰는 행위란, 결국 그 당시 아버지가 했던 그 행위에 대한 모델링에 지나지 않을 것이다. 그런 의미에서 딸아이가 공부할 때 옆에서 책을 읽고 있는 아내를 보면, 정말이지 고개를 끄덕이게 된다. 뭐랄까. 좋은 모델링, 그 자체로구나! 이렇게 생각하게 된다.

37
뒷면

내가 아픈 곳은 달의 뒷면 같은 데예요.

「달의 뒷면」, 『바람이 분다, 가라』, 219쪽

정희는 강석원이 쓴 서인주 평전 『달의 뒷면』과는 다른 입장에서 글을 써보겠다고 다짐하고, 관련 자료를 얻기 위해 인주의 작업실에 몰래 들어간다. 그랬다가 인주의 작업실을 산 강석원에게 발각되는데, 그는 인주가 자살한 게 맞다며, 그녀를 불멸의 신화로 만들어 그녀를 영원히 기억하도록 만들 거라고 주장한다. 시종일관 정희는 인주가 외삼촌의 화풍을 그대로 표절했다고 주장하고, 강석원은 인주가 자살한 게 아니라고 주장하며 대립한다. 정희는 강석원이 보여준 인주가 미시령에 가기 얼마 전에 쓴 편지를 읽고도 그녀가 쓸 수 있는 내용이란, 인주의 남편 정선규, 인주가 개인전을 열었던 화랑의 명은숙, 강석원이 추모 특집 기사를 썼던 『미술정신』, 인주와 정희가 살았던 동네 수유리, 인주의 작업실,

인주의 평전을 쓰고 작업실을 산 강석원, 인주가 죽기 직전에 갔었던 미시령뿐임을 자각한다. 그중에서 정희는 명화랑의 명은숙 대표를 만나는데, 인주를 발굴한 건 강석원이 아니라 자신이라고 말하며 인주는 아들을 키우기 위해 악착같이 살았다고 새삼 다른 증언을 한다. 그러면서 인주가 〈달의 뒷면〉이라는 숲 연작 그림을 낸 후에 P화랑과 독점 계약을 맺었는데, 워낙 그쪽에서 피를 말릴 정도로 인주를 압박을 하다 보니 원하는 그림을 못 그려 자살한 거라고 말한다.

신형철은 『인생의 역사』에서 다음과 같은 말을 한다. "조금 아는 사람이 위험한 것은 그가 다 안다고 생각하는 경향이 있기 때문이다."(172쪽) 그래서 그런가, 다 안다고 생각하는 사람과 이야기를 할 때면 아무것도 모른다고 생각하는 편이 더 나을 때가 있다. 그래야 그 지루함과 불편함을 견뎌낼 수 있으니까. 사실, 다 알고 있다는 생각은 뭔가를 더 수용할 수 있는 여지 자체를 없애버린다는 점에서 굉장히 위험하다. 일단 강석원? 이 사람은 자신이 인주를 발굴했고, 첫 개인전도 자신이 주선했으며, 예술적 가치에 비해 인정받지 못했기 때문에 그녀의 죽음을 신화로 만들어 불멸하게 만들 거라고 호언장담한다. 정희가 자신을 배제하고 어떻게 인주에 대한 평전을 쓸 수 있는지를 따지며, 인주는 절대 자살하지 않았을 거라고 말해도, 강석원은 자신의 입장을 굽히지 않는다. 정희는 강석원의 주장에 부들거리며, 남편의 성폭행과 이혼 문제로 자살 시도를 했을 때 옆을 지켰던 인주를 떠올린다. 외삼촌이 죽고 난 후 완전한 고아가 된 인주가 3년간 칩거했던 시간도 떠올리며, 강석원이라면 죽었다 깨어나도 모를 일을 자신이 알고 있다고 믿는다. 명화랑 대표 명은숙은 아이를 키우기 위해 아득바득 살았던 엄마로만 인주를 기억하며, 인주를 발굴한 건 강석원이 아니라 오히려 자신이라고 항변한다. 중요한 건, 여기서 그 누구도 자신이 조금만 알고 있음을, 누군가의 인생의 한 조각만 알고 있음을 감히 전제하지 않는다는 것이다.

김연수가 「이등박문을, 쏘지 못하다」에서 말했듯이, "인생이란 그저 사소한 우연의 연속"(230쪽)일 뿐이다. 그 모든 우연의 연속을 CCTV로 일일이 관찰하고 확인할 수 없다는 점에서 우리는 필연적으로 누군가에 대해 조금만 알게 된다. 생각해보면, 이건 정말 이상한 게 아니다. 오히려 너무나 정상이지. 최창모의 『중동의 미래, 이스라엘과 팔레스타인』에서 예루살렘을 설명한 부분을 보면 참 흥미롭다. 예루살렘을 유대교, 기독교, 천주교, 이슬람교 각각의 종교적 입장에서 모두 중요한 곳이라고 소개한다. 그런데 이 각 종교에서 각각의 의미로 너무나 중요하기 때문에 이곳을 차지하기 위해서 정말 많은 사람들이 비극적으로 죽었다고. 그런 의미에서 보자면, 예루살렘이 꼭 성스럽지만은 않다고, 오히려 너무나 비극적인 장소로 보는 게 합리적인 주장이라고 말이다. 그래서 나는 조금 아는 사람과 대화를 해야 할 때는 마음의 준비를 단단하게 하고 간다. 어떤 준비? 나도 달의 뒷면 구석 어디쯤 겨우 알고 있으면서 괜히 아는 척하지 말아야지. 이런 각오 말이다. 안 그러면 그 만남의 장소는 예루살렘처럼 피 터지게 싸우는 비극의 장소가 될 수도 있으니까.

　정희는 인주의 작업실에서 몰래 가져온 사진 뒤에 적힌, 거의 암호와도 같은 내용을 토대로 인주와의 연관성을 추리해가는데, 나는 인간관계에서 우리의 태도도 이와 같아야 한다고 생각했다. 가령 "11-12 화 4-5"(213쪽)가 11일부터 12일인지, 11시부터 12시까지인지, 아니면 11월이나 12월인지 확신할 수 없는 상황에서 그 모든 가능성을 열어놓고 인주와의 관련성을 찾아나서는 바로 그 대목 말이다. 일단 이런 태도를 갖추려면 기본적으로 나는 아무것도 모른다, 뭐 이런 태도에서 출발해야 가능하다. 나는 매주 수요일 오전에는 글쓰기 이론 관련 영어 원저를 함께 읽는 박사과정 수업을 하고, 오후에는 박사 제자들과 같이 본인 논문 주제에 맞는 영어 논문을 번역해서 발표하는 스터디를 몇 년째 하고 있다. 고로 수요일은 하루 종일 글쓰기 이론, 담화 이론, 텍스트 이론을 다루는데, 신기하게도 나는 항상 모르는 사람으로 존재한다. 정말 이상하게도 하루 종일 같은 이야기를 한다는 느낌을 전혀 받지 못한다. 내가 알고 있는 게 전부라는 식의 단언도 되도록 하지 않으려고도 노력한다. 왜냐하면 나는 실제로 다 알고 있지 않으니까. 아니 그냥 모르니까. 매주 수요일 박사 학생들과 함께하는 시간이 그래서 더 재미있고 늘 새로웠던 것 같다. 나는야, 달의 뒷면 어디쯤 겨우 아는 사람. 고로 항상 앎을 갈구하는 사람일 뿐이니.

38

유다

어머니를 이해했지만, 이해하고 싶지 않았어.

「처음의 빛」, 『바람이 분다, 가라』, 293쪽

 정희는 인주의 죽음을 자살로 몰고 간 강석원이 쓴 평전과는 다른 글을 쓰겠다고 여러 사람들을 만나던 중, 명화랑 대표 명은숙으로부터 이름도 생소한 김영신을 소개받는다. 김영신은 인주에게 받은 편지 한 통과 민서에게 주라며 가락지를 하나 건넨다. 그 편지에는 정희가 단 한 번도 들어본 적이 없었던 죽은 인주 어머니에 대한 내용이 담겨 있었다. 그 편지를 읽고 그 시절 정희가 왜 그렇게 안방 장롱에 얼씬도 안 했는지를 이해하고 낯선 감정을 느낀다. 김영신은 통화에서 인주는 사고로 동사(凍死)하지 않고 병원에서 사흘이나 버텼다고 말하며, 동반했던 누군가가 그녀를 구해줬기 때문이라고 일러준다. 정희는 미시령 사진이 걸려 있던 상담소에서 만났던 류인섭한테서 편지를 하나 받는다. 거기에는 정보부 고위 간부의 아들인 고등학교 2학년 진수한테 영어를 가르쳤던 자신과, 수학을 가르쳤던 이동신(인주 어머니)에 대한 이야기가 나온다. 대학생이던 이때부터 이동신은 파란색 국산 위스키를 몰래 마셨는데, 이유를 묻는 류인섭에게 '불안' 때문이라고 말한다. 그 후 미시령으로 향하는 차 안에서, 류인섭은 이동신이 뱃속의 아이 때문에 술을 안 마신다는 사실을 알게 된다. 미시령에서 돌아와 이동신은 대학 병원 레지던트였던 약혼자가 있는 병원에서 내리는데, 여기에서 교통사고가 난다.

인주 외삼촌과 사랑에 빠졌던 정희는 외삼촌이 유전적으로 혈우병을 앓고 있다는 사실을 뒤늦게 알게 된다. 그 사실을 안 후에 오빠에게 줄 도시락을 준비하다가 실수로 칼에 손을 베이고, 흐르는 피를 보며 정희는 외삼촌을 생각한다. "삼촌을 이해하고 싶었지만, 동시에 이해하고 싶지 않았다."(102쪽) 이런 문장은 이 소설 도처에서 발견되는데, 내가 지금 알고 있는 누군가란, 결국 이해하고 싶은 대로만 의욕적으로 조합한 하나의 환상이 아닐까라는 생각이 들었다. 헬 포스터는 『강박적 아름다움』에서 "그 대상은 환상이라서 재발견이 불가능하고,"(87쪽)라고 분명하게 지적한다. 그러니까 어떤 사람에 대해 내가 알고 있는 것들이란 순전히 내 입장에서 경험들을 해석하며 누적시킨 하나의 환상에 불과한데, 이 환상은 거의 확정적인 것으로 새로운 관점에서 재발견은 어렵다는 지적이다. 왜 우리도 누군가와 이야기를 하다 보면, 끝까지 자신의 입장을 고수하며 관철시키는 사람들을 자주 만나지 않나. 인식의 전환을 충분히 추동할 수 있는 계기가 있었음에도 끝까지 자신이 믿는 내용을 수정하지 않으려는 사람들. 굳이 사이비 종교 운운하지 않겠다. 어떤 맥락에서라면, 나도 그와 같은 사람일 수 있기에.

소설에서 이동신은 어렸을 때, 속초에 살았다. 아픈 남동생(외삼촌 이동주)과 같이 살았는데, 아버지가 병환으로 돌아가시고 서울로 이사를 오게 된다. 남동생 병치레 때문에 어머니는 전적으로 남동생 간호에만 전념하는데, 그러면 그럴수록 이동신은 '불안'해진다. 미시령 고개를 넘으면서 버스는 사고가 나고 교각에 반쯤 걸쳐 있을 때, 어머니는 남동생만 데리고 버스에서 내린다. 마지막까지 대범하게 나오지 못하고 버스에 남은 이동신, 그녀는 버스가 추락하는 찰나 가까스로 뛰어내리며 위험에서 벗어날 수 있었다. 진수 집에서 구스타프 말러의 노래를 류인섭과 함께 들으며 그날을 회상하던 이동신은 저렇게 말한다. "어머니를 이해했지만, 이해하고 싶지 않았어."(293쪽) 아픈 남동생을 버스에서 먼저 데리고 나간 어머니의 결정은 이해할 수 있었지만, 자신을 마지막까지 벼랑 끝에 혼자 남겨둔 어머니의 선택은 차마 이해할 수 없다는 말이다. 이 대목에서, 그녀가 인주를 낳은 후 알코올중독 증세가 심해져서 가끔씩 실종되고 장롱 속에서 발견되었다는 행동을 이해할 수 있었다. 그 장롱은 뭐랄까. 밝은 곳을 피해 스스로 찾아 들어간 벼랑 끝 어디쯤 아니었을까?

신형철은 『슬픔을 공부하는 슬픔』에서 유다에 대해 이야기한다. "그렇다면 유다는, 가장 사랑하는 대상을 배반해야만 그 사랑을 완성할 수 있는 상황에 처했던, 비극적인 인물이다."(149쪽) 유다 같은 사람은 그 누구도 이해하고 싶지 않은 인물일 것이다. 특히 교회나 성당에 다니는 분들에게는 더욱더 그럴 것이다. 하지만 나는 신형철의 책을 읽고 솔직히 유다에게 마음이 많이 갔다. 예수님이 공적 영웅이 되기 위해서는, 누가 뭐래도 유다 같은 인물이 필요했을 테니까, 물론 신형철의 말처럼 종교적으로가 아니라 문학적으로 말이다. 문득, 예수님. 저는 저런 역할을 하기 싫습니다. 이렇게 솔직하게 말하는 유다를 한번 상상해봤다. 그랬다면 저 비극적 임무는 베드로나 다른 제자들에게 옮겨 갔을까? 그랬겠지, 그래야지만 예수님이 예수님일 수 있었을 테니까. 우리는 영웅의 희생만을 기억하지만, 영웅은 또 다른 누군가의 희생으로 만들어지는 법. 유다 같은 사람도 문학적으로 한 번쯤 '이해'해봐야 하는 이유가 여기에 있을 것이다. 얼마 전, 장례식장에 다녀왔다. 영정 사진 앞에서 내가 그분에 대해서 무엇을 알고 있나? 곰곰이 생각해봤다. 그저 손에 꼽는 몇 가지 기억만을 가지고 흰 여백을 겨우 채울 수 있을 뿐이구나. 두 번 절하고, 상심이 크시겠습니다. 말하고, 그러고 나왔다.

39
바람

바람이 부니까 뛰지 말까, 그때 생각했었어.
하지만 그럴 수 없었어. 넘어가고 싶었어.
정말 넘어가고 싶었어.

「바람이 분다, 가라」, 『바람이 분다, 가라』, 367쪽

　정희는 명화랑의 명은숙 대표가 추천한 출판사에서 강석원이 쓴 평전과는 다른 평전을 새롭게 내기로 하고 1장 초고를 제출한다. 그러고 나서 정희는 수유리에 남아 있는 인주의 흔적을 평전에 반영하기 위해 수유리로 향한다. 거기서 인주의 헐린 집을 보면서, 정희와 외삼촌이 그림을 그릴 때 홀로 산에 오르면서 육상 훈련을 하던 인주를 떠올린다. 그랬다가 정희가 7년을 알고 지냈던 K와 결혼을 하고 3년을 함께 살면서 자연스럽게 멀어졌고, 그 사이 결혼한 인주는 민서를 낳았음을 기억한다. 정희가 엄마를 돕던 경양식집이 사라지고, 마을버스 번호도 전부 바뀐 걸 보며 이

혼을 요구하는 자신을 조롱하듯 성폭행했던 K를 떠올린다. 수유리에서 집으로 돌아온 정희는 강석원과 만나기로 하는데, 그사이 인주가 미시령에 차를 몰고 갔을 때 그녀를 미행하며 따라갔던 사람이 강석원인 것을 알아낸다. 그래서 강석원 몰래 인주의 작업실을 다시 방문하는데, 만나기로 한 카페로 오지 않고 작업실에 온 강석원에게 오히려 제압당한다. 강석원은 정희를 인주의 작업실에 불을 낸 미치광이로 만들기 위해 불을 내는데, 그 속에서 정희는 3미터 45센티 장대높이뛰기를 하다가 장대가 허벅지를 뚫고 나가 은퇴를 하게 된 인주를 떠올린다.

저 문장을 보면서, 자꾸 속초에서 서울로 오던 날 버스에 남은 이동신(인주 어머니)이 미시령 고개에서 버스가 추락하는 찰나, 바람을 느끼며 뛰어올라 가까스로 살았던 그 순간이 떠올랐다. 그녀는 차라리 그때 죽고 싶었는데, 마치 천사가 지탱해주는 것 같았다고도 말했다. 그녀의 딸, 인주는 아시아 신기록을 세울 수 있을 정도로 육상 선수로 두각을 나타내고 있었는데, 그런 인주에게는 웬일인지 천사가 침묵한다. 천사까지 나서 미시령 고개에서 구해준 이동신은 알코올중독과 우울증에 시달리다가 자살했는데, 천사까지 외면한 인주는 장대가 허벅지를 관통해 그 잘하던 육상을 포기하고 나서도 그림을 다시 그리며, 아득바득 아들까지 키워냈으니 참 역설적이다. 알랭 드 보통은 『젊은 베르테르의 기쁨』에서 우리가 "인간 완성에 필요한 요소들을 아무런 힘을 들이지 않고는 두루 갖출 수 없기 때문에 고통을 받는 것이다."(340쪽)라고 말했다. 솔직히 말해서 '인간 완성'이 뭔지, 나는 잘 모르겠지만, ─ 인간한테 완성이라는 게 있나? ─ 힘을 들이지 않고서는 인간이라 할 만한 기본적 조건들을 충족할 수 없기에 '고통'이 수반될 수밖에 없다는 지적에는 너무나 공감했다. 이동신은 그 고통에 못 이겨 불안을 해소하고자 술을 마셨던 걸지도 모르겠고.

미하일 바흐친은 『말의 미학』에서 "타자의 언어를 자신의 언어로 번역하는 일을 이해라고 이해해서는 안 된다."(490쪽)라고 말했다. 이 '번역'은 이해를 위한 주변적 역할을 할 수는 있어도 이해 그 자체에 해당하는 정위(定位)에는 놓일 수 없기 때문이다. 이 소설에는 인주의 죽음을 놓고 자살인지 타살인지부터 시작해서, 그녀가 왜 죽어야 했는지에 이르기까지 무수히 많은 자신의 언어로 번역된 해석이 일종의 이해인 것마냥 등장한다. 언젠가 축구를 하고 싶어서 동네 조기 축구회를 알아보고 있다고 말했더니, 바빠 죽겠는데 무슨 축구냐며 힐난하던 지인이 생각난다. 나는 분명히 바쁨에도 불구하고 축구를 하고 싶다고 말하지 않고, 축구를 좋아하기 때문에 운동도 하고 동네에서 친구도 사귈 겸 축구를 하고 싶다고 말했었다. 여기에서 '바쁨'은 그의 언어로 번역되어 추가된 부분이리라. 내가 아무리 시원한 아메리카노를 마시고 싶다고 해도 따뜻한 아메리카노를 들고 와서는 따뜻한 거 마신다고 했잖아? 이렇게 말하는 사람의 번역을, 그 일방적 이해를 어떻게 막을 수 있을까? 그저 살아가면서 그 사람이 언젠가 내 언어로만 번역한 게 이해는 아니네. 이렇게 깨닫기를 바랄 수밖에.

슬라보예 지젝은 『처음에는 비극으로 다음에는 희극으로』에서 호피(Hopi)족의 옛 속담 "우리가 기다리던 사람들은 바로 우리다."(302쪽)를 제시하며, 이 속담을 "그대 자신이 그대가 세계에서 보기를 원하는 그 변화가 되어라"(302쪽)라는 간디의 모토로 설명한다. 소설에서 인주가 다리를 다치기 직전 장대높이뛰기를 뛸 때 '바람이 불었기 때문에' 뛸지 말지를 고민하다가 결국 뛰어버렸다는 인주의 말은 나에게 저 속담처럼 다가왔다. 저때 인주는 바람에 구애받지 않고 넘을 수 있다고 믿고, 또 그렇게 넘었을 자기 자신을 생각하며 뛰었던 거구나. 그러니까 미시령에 다시 갔던 것도, 거기에서 사고가 난 것도 자살은 아니겠구나. 후일담으로 누군가 그녀의 죽음을 자살로 매도할지라도 그걸 '바람'이라 치부하고, 원래 가고 싶은 방향으로, 알고 싶었던 곳으로, 어머니가 천사가 보호해주는 것 같은 착각이 들 정도의 빛을 봤다는 그 미시령으로 한번 가봤던 거구나 하고 말이다. 처음 결혼하고 공부와 일을 병행하며 하루하루를 바쁘게 보낼 때, 집에 자주 오던 아내의 오빠한테 앓는 소리를 가볍게 한 적이 있었다. 그때 진지한 표정으로, 단호하게 격려해주던 순간을 잊지 못한다. 뭐랄까. 꼭 한강 소설 제목 같았다고 할까? 정호야, 바람이 분다, (그렇지만) 가라.

40
이야기

멋을 부리는 대신 기록자의 진지한 시선을 드러내주는
그 사진들이 마음에 들었다.

「늙은 개」, 『검은 사슴』, 105쪽

3년 전 인영은 잡지사에 입사하면서 아래층 제약회사에서 시간제 사환으로 일하던 의선을 만난다. 의선은 양손에 소포 뭉치를 들고 비틀거리며 우체국으로 가는 중이었는데, 그때 인영은 의선의 눈에서 왈칵 쏟아질 것 같은 눈물을 본다. 그 후 퇴근을 같이 하는데, 인영은 집중 호우로 반지하방에 물이 들어차, 갈 곳이 없다는 의선을 집으로 데려가 재워준다. 얼마 후 회사에서 사라진 의선이 나체로 거리를 활보한 후에 인영의 집에 나타나고, 인영은 모든 기억을 잃어버린 의선을 품어준다. 영국 유학을 준비하던 명윤은 영국 풍물을 소개하는 기사를 인영이 담당하는 잡지에 투고하기로 한다. 그 기사에 함께 넣을 사진을 위해 사진 기술을 배울

겸 인영의 집에 자주 방문하게 되고 거기서 의선을 만난다. 어느 날, 인영이 퇴근하고 집에 오니, 의선이 인영이 찍은 바다 사진을 모두 태워버리고 갑자기 목욕을 해야 한다며 나가버린다. 그렇게 집을 나간 의선을 명윤이 광화문에서 발견하고 데려오는데, 의선은 명윤에게 '황곡'에서 중학교를 나왔다는 말만 남기고 다시 잠적한다. 이에 명윤과 인영은 의선과 관련된 정보를 얻기 위해 제약회사 이력서에 적힌 내용을 중심으로 수소문을 하는데, 그러면 그럴수록 그 정보 전부가 거짓임을 알게 된다. 결국 둘은 의선을 찾으러 황곡행 기차에 몸을 싣는다.

공지영의 『네가 어떤 삶을 살든 나는 너를 응원할 것이다』를 보면, "참 이상하지. 살면서 우리는 가끔 하기 위해 노력을 해야 하는 때가 있고 하지 않기 위해 노력해야 하는 때가 있어."(97쪽)라는 문장이 있다. 정말 이상하다. 소설에 나오는 의선을 볼 때마다 나는 저 문장을 생각했다. 그렇게 자상하게 다른 사람을 보살피고자 노력하던 그녀가, 어떤 희생이라도 치를 준비가 된 것처럼 손해를 마다하지 않던 그녀가 어느 순간부터 멍하니 앉아 아무것도 하지 않고 햇빛만 쬐며, 옷을 훌훌 벗는 모습을 보면서, 이제 그녀가 아무런 노력도 하고 싶지 않아졌구나, 라는 걸 알 수 있었다. 인영은 의선을 보고 말했다. "여자는 마치 묶인 것 같았다."(85쪽) 겉으로 보이는 그녀의 과도한 희생과 친절은 사실 그녀가 묶여 있었기에 가능했을 것이다. 그런데 나는 인영이 삐쩍 마른 몸으로 양손에 무거운 소포 뭉치를 들고 우체국으로 향하던 의선의 눈에서 눈물을 본 게 우연이 아니라고 생각했다. 평소에 사진을 찍는 그녀였기에 지나치는 찰나 그 눈물을 볼 수 있었던 게 아니었냐는 말이다.

수전 손택은 『타인의 고통』에서 사진을 둘러싼 이야기를 배제하고 오직 그 사진만을 상기시키는 게 '사진의 문제'라고 말한다. 소설에서 인영은 죽은 언니가 사용하던 수동 사진기를 가지고 틈만 나면 사진을 찍으러 다닌다. 특히 잡지사에 들어오고 나서부터는 다른 피사체는 모두 배제하고 똑같은 바다 사진만 찍어댄다. 이 사진을 보고 명윤은 연신 좋다고 칭찬하는데, 의외로 의선은 이 사진들이 모두 싫다며 불태워버린다. 명윤은 자신이 사진을 좋아하는 이유로 "말이 없잖아요. 사진 속에는."(101쪽)이라 말하는데, 명윤은 '침묵'이 좋아서 실없는 말을 먼저 속사포로 던지는 사람이었으니, 아무런 말도 건네지 않는 '사진'을 좋아할 수밖에 없었을 것이다. 다만 그런 이유라면, 꼭 바다 사진이 아니었어도 명윤은 좋아했겠지. 반대로 의선은 인영의 사진을 보고 "너무 어두워요."(101쪽)라고 말하는데, 인영은 사진을 찍을 때, 바다를 보며 죽은 언니를 생각했던 게 아니었나 싶다. 왜냐하면 인영은 자신이 찍은 사진에는 '캄캄한' 바다만이 존재한다고 스스로 고백했었으니까. 그렇다면, 의선은 이 말이 없는 사진 속에서 명윤과 달리 '컴컴한 바다'를 마치 하나의 이야기처럼 발견했던 것이다.

요즘 나는 가족이나 친구들과 시간을 보내면, 예전만큼 사진을 찍지 않는다. 인스타그램을 '#북스타그램'으로만 정리한 후로는 사진을 여러 장 찍어서 가장 잘 나온 사진을 선별하는 과정 자체를 배제해버렸다. 그 대신에 요즘에는 소수의 사진을 찍고 사진을 보며 가족이나 친구들이랑 후일담으로 그날의 이야기를 추억하는 횟수가 늘어났다. 김중혁은 『뭐라도 되겠지』에서 자신이 '카메라의 시기'에서 '수다의 시기'로 넘어왔음을 밝히며, "언젠가부터 사진을 찍지 않고 있다. 내 눈을 가리고 상대방을 보는 대신 상대방의 눈을 보면서 대화하는 게 훨씬 즐거워졌다."(68쪽)라고 말했다. 김중혁이 말한 '카메라의 시기'를 1.0, '수다 시기'를 2.0으로 정리한다면, 나는 '사진을 보며 수다를 떠는 시기'를 3.0으로 추가하고 싶다. 3.0을 한번 개괄해보면, 일단 반가운 사람을 만나면, 만나서 신나게 이야기를 하고 기념이 될 만한 뭔가를 같이 한다. 그러면서 사진은 딱 한두 장, 가장 중요한 순간에만 찍는다. 그러고 나서 다음에 만났을 때, 그 사진을 보면서 그날 함께 했었던 일들을 주제로 신나게 수다를 떤다. 3.0은 사실상 이게 전부다. 마치 인영이 황곡행 기차에서 취재 대상인 장종욱의 사진을 보고 그 사진을 둘러싼 이야기, 즉 "기록자의 진지한 시선"을 발견해내고 "마음에 들었다."(105쪽)라고 말했던 것처럼 말이다. 떠오르는 사진 그 자체 말고, 그 사진을 둘러싼 이야기까지 찾아낼 수 있어야, 열심히 수다도 떨 수 있으니. 사진을 찍으려고만 하지 말고, 사진 속 이야기를 발견하려고도 해봐. 그게 바로 3.0이야.

41

태도

만일 누이가 고통받고 있다면
왜 그에게 조금도 느껴지지 않는가 하는 어리석은 의문이었다.

「검은 사슴」,『검은 사슴』, 140쪽

장(장종욱)은 황곡에서 광부를 배경으로 사진을 찍는데, 아내가 떠나고 집에 불이 나 모든 필름이 불타면서 더 이상 사진을 안 찍게 된다. 갈 곳이 없어진 장은 안이 운영하는 '황성사진관'에서 기식(寄食)하며 사진관 일을 돕는데, 시간이 갈수록 안은 그런 장을 노골적으로 무시한다. 인영과 명윤은 장의 사진 작업을 취재하고 의선의 행방을 찾기 위해서 기차로 황곡에 도착한다. 기차에서 명윤은 어릴 적 연탄공장 근처 연립주택에서 살 때 분진으로 기관지가 약했던 막내 여동생 명아를 생각한다. 아버지는 뺑소니 사고로 정신이 이상해진 후 막내 여동생의 기침을 견디지 못하고 폭행했었다. 명윤은 아버지가 기찻길에서 실족사를 당한 후 가출한 명아를 찾아 나섰던 기억을 떠올린다. 그렇게 도착한 황곡에서 약속 장소인 카페 뭉크로 가는데, 장은 술이 취한 채로 늦게 등장한다. 취재가 늦게 시작됐지만, 인영이 계획한 취재 일정은 좀처럼 매끄럽게 진행되지 못하고, 그저 장이 이끄는 대로 황곡 이곳저곳을 돌며 술이나 마시게 된다. 다음 날에도 늦게 도착한 장은 인영과 명윤을 데리고 탄광에 데려가 광부 몇을 소개시켜줄 뿐이다. 폐사택촌과 화산초등학교, 함인탄광, 함인중학교를 지나가며 보는데, 더 이상의 작업은 어렵다고 판단한 인영은 장과 헤어지고, 명윤과 같이 의선을 찾는 일에 몰두한다.

최근에 아내랑 같이 넷플릭스에서 〈중증외상센터〉를 재미있게 봤다. 특히 국제평화의사회에서 다양한 실전 경험을 쌓은 백강혁 교수가 그 임상경험을 바탕으로 한국대병원 중증외상센터에 부임해서 힘난한 순간들을 동료 의사들과 정면 돌파하는 장면들은 지금 생각해봐도 매우 인상적이다. 그런데 백강혁 교수에게는 한 가지 독특한 습관이 있는데, 그것은 어려운 수술을 통해 건강을 회복한 환자들과 꼭 같이 사진을 찍는 것이다. 이게 왜 신기했냐면, 드라마에서 그는 휴머니즘이라고는 눈 뜨고 찾아볼 수 없을 정도로 냉혈한의 모습을 보였기 때문이다. 그런 그가 찍은 사진을 혼자 보면서, 환자가 아파하던 순간과 치료를 받고 회복하는 순간들을 마치 하나의 파노라마처럼 시퀀스로 회상하는 부분은 굉장히 인상적으로 다가왔다. 그가 환자의 고통을 온몸으로 느낄 수 있었기에, 만사 제쳐놓고 오직 치료에만 전념할 수 있었음을 알게 된 것이다. '어떤 상황에서도 환자의 고통만 생각하고 이를 빠르게 해결해주는 게 의사다.'와 같은 정언명령을 하나 정해놓은 사람처럼, 맹목적으로 환자만 생각하는 그의 모습은 어찌 보면, 의사로서 당연한 것이지만, 역설적이게도 그렇기에 유독 신선하게 다가왔다.

그런데 이렇게 타인의 고통을 느낄 수 있는 것 말이다. 이게 보통 어려운 일이 아니다. 어릴 적, 명윤은 연탄공장 분진을 견디지 못한 막내 여동생 명아가 고향으로 돌아가자고 제안하지만 이를 거절한다. 그 후 명아는 가출하는데, 한 번은 부천에서, 다시 한 번은 의정부 술집에서 찾아 데려온다. 하지만 세 번째로 가출한 후에는 명아를 찾지 못했다. 명윤은 군 복무 중 휴가를 나와서도 명아를 찾아다니지만, 여동생이 받고 있을 고통이 전혀 느껴지지 않는다며 명아 찾기를 결국 포기해버린다. 반면에 장은 자신의 이야기를 묻는 인영에게 거의 대답하지 않지만, 우연히 '탄광' 이야기만 나오면, 마치 자신이 '광부'라도 되는 것처럼 신이 나서 인영에게 설명을 한다. 장은 실제로 세 번씩이나 막장에 갇혔었고 무엇보다 그중에 한 번은 정말 죽음 직전까지 갔었기에 누구보다 자신 있게 탄광에 대해서만큼은 말할 수 있었을 것이다. 결국 이는 피사체, 그러니까 상대방의 고통에 다가설 수 있는 사람과 다가설 수 없는 사람 사이에서 발생하는 차이였을 것이다.

소설에서 명윤이 술에 취해 "아주 오래전부터 미치고 싶었어요."(180쪽)라고 말했던 건, 아마 그런 의미였을 것 같다. 막내 여동생이 받고 있을 그 고통을 미치도록 느껴보고 싶었다는 말이 아니었을까? 명윤은 그 고통의 기억으로부터 항상 도망치고 있었고, 글도 그래서 쓰게 된 거니까. 만약 그가 그 고통을 느낄 수 있었다면 적당히 여동생을 찾다가 포기하는 일은 결코 없었을 테니까 말이다. 김영하의 「오직 두 사람」을 보면, "근데 오래 생각한다고 현명한 결론이 나오는 것은 아니더라고요."(29쪽)라는 문장이 나온다. 그 고통에 닿을 수 없을 때, 우리는 꽤 많은 생각을 하게 된다. 물론 생각하고 또 생각하더라도 우리는 그 사람의 고통이 아니라 나의 고통에만 닿을 수 있다는 게 문제지만. 얼마 전, 정말 오랜만에 감기에 걸렸다가 겨우내 부활한 적이 있었다. 본래 감기엔 뾰족한 수가 없다는데, 옆에 앉아 묘안을 쥐어짜내며, 이리저리 간호해주는 아내를 보니, 새삼 김영하의 소설 제목 '오직 두 사람', 이 말밖에 떠오르는 말이 없었다. 물론 아내도 내가 겪는 고통을 정확하게 가늠할 수는 없었겠지만, 그저 생각해주며 노력해주는 사람이 옆에 있다는 것, 그것만으로도 충분했다. 마치 이 정도면 인간으로서 누릴 수 있는 최고의 배려를 전부 누리는 것 같았다고나 할까? 고마워.

42

부끄러움

나는 의선을 다시 보고 싶지 않았다.
그녀의 상처투성이의 몸을 다시 보고 싶지 않았다.

「흰 복사뼈」, 『검은 사슴』, 348쪽

장은 처음 광산에 사진을 찍으러 갔다가 석탄 가루를 뒤집어쓰고 망연자실해한다. 그러다가 우연히 만난 임을 따라 막장에 들어가는데, 거기서 단 한 번도 경험해본 적 없는 '죽음'의 시공간을 맛본다. 다만 임을 따라 들어가면서 점차 갱도가 익숙해지자, 근처에 있는 광산에 전부 방문해서 사진을 찍고 기록을 남기겠다는 원대한 계획도 세운다. 그러던 중, 장을 포함 광부 일곱 명이 있던 새로 뚫은 갱도에서 물이 터져 막장에 갇히는 사고를 겪는데, 그때 장과 임을 제외한 다섯 명은 모두 죽는다. 그렇게 64시간을 버틴 둘만 생존하는데, 그 후 임은 소리 소문 없이 황곡에서 사라진다. 그즈음 장의 장인이 진폐증으로 사망하고 장의 아내는 더 이상 광산에서 사진을 찍지 말라고, 서울로 떠나자고 하나, 장은 거절한다. 한편 장과 헤어진 후에 인영과 명윤은 여러 곳에서 의선에 대한 정보를 찾으나 시원한 정보를 얻지 못한다. 마지막으로 방문한 함인탄광사무실에서 발견한 신문 스크랩북에서 의선의 이력서상 아버지 임영석(임)의 이름을 겨우 확인한다. 그렇게 둘은 신문에서 읽은 폐광 업소로 넘어가는데, 그때 인영은 의선과 함께했던 시간을 떠올리며, 오히려 그녀가 자신의 일상에서 사라진 게 다행이라고 생각했음을 떠올린다.

대학교 때 일이다. 2학년이었던 나는 발표문을 출력하기 위해 방문한 컴퓨터실에서 몽골인 형을 한 명 알게 되었다. 그 당시에는 복사카드를 5,000원씩 충전해서 쓰던 시절인데, 신입생이었던 몽골인 형은 그 사실을 몰랐고, 옆에서 지켜보다가 오지랖으로 복사 카드 사용법을 알려준 게 계기가 되었다. 이를 계기로 그 형이랑 친해졌고 가끔씩 연락도 하며 커피도 마셨다. 나중에 알게 된 거지만 그 형은 나보다 나이가 네 살쯤 많았고, 경영학과에서 유학 생활을 하면서 아르바이트로 돈을 벌고 있다고 했다. 결혼도 했고, 아이도 있기에 번 돈의 대부분은 집으로 보내고 나머지 일부만 자신의 유학 생활비로 사용한다고 했다. 문제는 갈수록 도와달라는 연락이 많아졌다는 점이다. 처음에는 적극적으로 도왔지만, 나중에는 나도 서서히 지쳐갔다. 그러다 발표문, 보고서 파일이 모두 저장된 USB를 명진관 컴퓨터실에서 분실했고, 발표문과

보고서를 다시 쓰면서 내리 5일 밤을 샜을 때 일이 발생했다. 정말 5일 동안 잔 게 전부 네댓 시간 정도였는데, 그 와중에도 그 몽골인 형에게 도와달라는 전화가 끊이지 않고 왔다는 점이다. 어떻게 했냐고? 엄청 화를 냈다. 그게 마지막이었다.

물론 그 후에도 캠퍼스에서 가끔씩 그 형을 마주쳤었는데, 형은 분명히 나를 봤지만 나를 피하거나 못 본 척했다. 내가 먼저 인사를 하지 그랬냐고? 그러니까 내가 그걸 못 했다. 참 못났지? 지금 생각해보면, 정말이지 너무 미안하지만, 그때는 이상하게 그게 또 어떤 식으로는 편했다. 마치 붙어 있던 혹이 떨어져 나간 느낌이었다. 이 소설에서도 두 종류의 부끄러움이 나오는데, 첫 번째 부끄러움은 겨우겨우 갱도에 광부들과 같이 들어간 장이 죽음과 같은 공포를 경험하고 돌아오면서 출구의 빛을 보고 느꼈던 부끄러움이다. 장은 직접체험을 통해서 자신이 얼마나 광부의 삶과 갱도에서의 작업을 피상적으로만 이해하고 있었는지를 부끄러워했던 것 같다. 두 번째 부끄러움은 명윤이 의선의 퇴직금을 타기 위해서 의선과 같이 제약회사에 방문했을 때, 같은 건물에서 근무하던 인영이 그 둘을 보고 부끄러워힐 때나. 아마 인영은 전대미문의 백치미를 선보이는 의선을 보고 모르는 척하고 싶었으리라. 내가 그 형을 만나고 느꼈던 부끄러움은 첫 번째 부끄러움이었다. 유학생들은 저 쉬운 복사카드 사용법조차 모르는구나. 타지에서 공부를 이렇게나 힘들게 하는구나. 뭐 이런 식이었다. 그런데

USB 분실 사건 후, 나는 그 형과 캠퍼스에서 인사하는 게 또 부끄러웠는데, 이건 두 번째 부끄러움이었을 듯. 나 없이는 아무것도 못하는 형이 '형'처럼 안 느껴져서 그랬는지 그게 굉장히 부끄러웠다. 스물한 살 때 일이다.

지금 생각해보면, 인영이 "그녀의 상처투성이의 몸을"(348쪽) 보면서 자신의 상처를 떠올리며 불편했던 것처럼, 나 역시 그 형을 보면서 스스로가 작아졌던 순간을 떠올리며 불편했던 게 아닐지 싶다. 그러니까 그건 그 형을 모르는 척한 것이 아니라, 사실은 나 자신을 모르는 척했던 건지도 모르겠다. 신형철은 『슬픔을 공부하는 슬픔』에서 직접체험을 강조하며, "나를 진정으로 바꾸는 것은 내가 이미 행한 시행착오들뿐이다."(176쪽)라고 말한다. 저 직접체험을 통한 시행착오가 나를 더 부끄럽게 만들고, 한 발자국, 아니 반 발자국이라도 더 나은 사람이 되도록 이끌었다는 점에는 이의가 없다. 인도에서 살 때, 수도세랑 전기세도 내야 하고, 나가서 쌀도 사야 할 때 어디에 가서 어떻게 내야 할지 몰라 깊이 고민하던 때가 있었다. 그때 뭘 그런 걸로 고민하냐는 듯이 옆에서 하나하나 알려주던 인도 친구들이 생각난다. 내 나이 25세의 일이다. 어쩜 그 인도 친구들은 나보다 나이도 어렸는데, 나를 부끄러워하지 않을 수 있었을까? 신형철은 『몰락의 에티카』에서 "미메시스의 윤리학"(510쪽)을 주변을 자기화하는 '투사'가 아니라 주체가 객체에 '동화되는 것'으로 설명했다. 스물한 살의 내가 '투사'하는 중이었다면, 스물다섯 살에 내가 만난 인도 친구들은 나한테 '동화'돼줬던 것 같다. 동화해야 할 때 열심히 투사하는 부끄러운 행위를 이제는 정말 안 할 수 있을까? 그저 열심히 독서하며, 미메시스의 윤리학을 계속 배워나가고, 그러면서 조금이라도 더 나은 사람이 되고자 몸부림치고 싶다고 말할 수 있을 뿐이네.

43

함께

나는 외로움이 좋았다. 외로움은 내 집이었고 옷이었고 밥이었다.
「연지는 골짜기」, 『검은 사슴』, 431쪽

    인영과 명윤은 월산읍에 도착해서 함전탄광사무실과 사택촌에 가지만 의선에 대한 그 어떤 정보도 얻지 못한다. 월산버스공용정류장 대합실에서 버스를 기다리며 우연히 아주머니와 말을 섞게 된 인영. 황곡으로 간다는 인영의 말에 어둔리에 간다는 아주머니, 예전에 의선이 어둔리 근처 오십천에 대해서 말한 기억이 떠올라, 연골에 대해서도 묻는다. 아주머니는 지도를 가리키며 어둔리는 옛이름이고 지금은 현리라고 하는데, 이 현리 옆에 지금은 없어진 연골이 있다고 알려준다. 실제로 나흘 전, 어떤 젊은 여자가 연골로 들어가는 걸 봤다는 이야기를 하자, 인영과 명윤은 눈이 내림에도 바로 연골로 향한다. 끼니를 제때 먹지 못하고 긴 여독에, 감기 기운이 있던 명윤도 실낱같은 희망을 가지고 연골로 향하는데, 가는 길에 들른 점방에서 임영석이 2년 전에 연골로 돌아와 홀로 집을 지켰고, 지금 그 집 뒤에 임영석과 의선 오빠의 봉분이 있다고 알려준다. 둘은 의선이 그곳에 있으리라는 확신에 차서 몇 시간을 더 올라 연골에 이르고 집 근처 여러 군데에서 의선의 흔적은 찾지만, 결국 의선을 만나지는 못한다. 다음 날 앓던 명윤을 부축해서 전날 들렀던 점방까지 겨우 내려온 인영은 그 시간 동안 죽은 엄마와 언니를 생각하며, 끝까지 명윤을 간호한다.

영화 〈나 홀로 집에〉를 안 본 사람은 없겠지? 물론 귀여운 케빈부터 이야기를 해야 예의겠지만, 나는 오늘 무서운 옆집 할아버지 말리에 대해서 이야기해보려고 한다. 케빈은 말리가 가족을 모두 살해한 연쇄살인범이라는 소문을 듣고 그를 무서워한다. 이는 케빈뿐만 아니고 그 동네에 사는 사람들 전부가 말리와 소통하지 않는 이유였다. 아마 말리도 그 소문을 알았지만 적극적으로 항변하지 않았고, 그게 와전되며 사람들과 더 멀어졌을 것이다. 그러다 우연히 성당에 들른 케빈이 말리를 만나는데, 말리는 자기가 마을 사람들과 소통을 안 하는 건 맞지만, 그 소문은 다 거짓이라고 말한다. 말리는 아들과 싸운 후 왕래가 없어 한 번도 본 적이 없는 손녀를 보려고 교회에 온 거라고 일러준다. 영화의 마지막 부분 말리의 활약상에 대해서는 함구하겠지만, 다만 영화 말미 말리의 웃음이 생각나는 건 왜일까. 소설에서도 인영은 정말 차갑디차가운 사람으로 등장한다. 이는 본인 스스로도 인정한 부분이다. 인영이 왜 이렇게 차가운지, 소설 말미까지 공개되지 않아서 짐작만 하고 있었는데, 연골에 있는 의선의 집에서 인영이 아픈 명윤을 간호하며, 언니와 어머니를 회상하는 장면에서 대략 알 수 있었다.

인영에게는 열 살 터울이 지는 언니가 있었다. 아들을 낳으려 세 번이나 유산을 하고 낳은 게 인영이라, 인영을 낳고 나서부터 어머니는 시름시름 죽어가고 있었고, 그래서 인영을 돌본 건 주로 언니 민영이었다. 아버지가 고혈압으로 죽은 후로는 어머니가 허드렛일을 하면서 돈을 벌었고, 민영 언니도 공부하며 아르바이트로 돈을 벌었다고 했다. 워낙 긍정적이고 성실했던 민영 언니는 따르는 친구들이 꽤 있었고, 이들과 같이 제주도로 놀러 갈 기회가 있었는데, 가정형편 문제로 고사하다가 어머니가 준 쌈짓돈으로 제주도행 비행기에 몸을 싣는다. 그런데 여행 중 낚싯배가 뒤집히며 민영 언니는 실종되고, 그 후 시름시름 앓다가 어머니도 돌아가신다. 완연한 고아가 된 인영은 '안전'을 최우선의 가치로 삼고 그 누구도 믿지 않고, 그 누구도 사랑하지 않으며 홀로 외딴섬처럼 살아간다. 그러다가 황곡에서 끝까지 의선을 찾아다니고, 때마다 인영 옆을 지켰던 명윤과 함께 시간을 보내며 인식의 전환점이 오게 된다. 〈나홀로 집에〉에서 말리에게 케빈이 있었던 것처럼, 인영에게는 명윤이 있었던 셈이다. 명윤을 간호하면서 인영은 생각을 정리하고, 명윤을 홀로 두지 않으려 힘쓰며, 결국 눈폭풍을 뚫고 '함께' 내려오게 되니까.

나는 누구도 믿지 않고, 누구도 사랑하지 않는다는 게 얼마나 힘든 일인지 잘 알고 있다. 이게 힘들지 않다면, 인영이 동병상련을 겪은 의선을 그렇게까지 불편해하지도 않았을 것이다. 외톨이가 되는 데에도 노력이란 게 동반되니까. 김연수는 『지지 않는다는 말』에서 다음과 같은 말을 한 적이 있다. "혼자서 고독하게 뭔가를 해내는 일은 멋지지만, 다른 사람과 함께 시간을 보내는 일은 결국 우리를 위로할 것이다."(162쪽) 소설에서도 인영은 의선을 최대한 빨리 포기하고 싶어 하지만, 끝까지 의선을 찾기 위해 매달리는 명윤과 '함께' 하며 뭔가를 깨닫는다. 명윤이 "왜 날 두고 가지 않았어요?"(453쪽)라고 묻는 와중에도 인영은 그를 부축해서 눈길을 내려왔으니까 말이다. 생각해보면, 나 역시 하는 일 대부분이 혼자 하는 것들뿐이다. 논문을 쓰고 학회에서 발표를 하는 것들, 수업을 준비하고 교실에서 강의하는 것들, 그리고 자료를 찾아서 책을 쓰고 다듬고 하는 것들, 또 다른 기타 전부들 말이다. 여기 어디에도 '함께'가 들어갈 여지는 없다. 그래서 그런가, 간혹 가족과, 친구나 학생들과 '함께' 뭔가를 하다 보면 나도 인식의 전환점이 올 때가 있다. 그냥 그 자체로 위로가 된다고 해야 할까? 그게 뭐 그렇게 대단히 멋진 일까지는 아니더라도, '함께' 무언가를 하다 보면 그냥 기분이 좋아지고 마음가짐이 더 넓어지는 걸 느낄 때가 있다. 외딴섬처럼 있지 말고, 가끔씩은 북적거리는 휴양지처럼 있을 필요도 있구나. 이런 걸 느끼게 된다.

44
견디는 법

……견디는 법을 나한테 가르쳐준 사람이오.

「어둠강 저편」, 『검은 사슴』, 557쪽

　의선은 명윤을 떠나 황곡시에 도착하고 다시 월산으로 가서 연곡까지 가 하루를 보내고 돌아 나온다. 나오는 길에 점방에 물품을 납품하는 차를 얻어 타고 바다를 한번 가보는 게 어떠냐는 기사의 말에 공양왕릉이 있는 삼척시 궁촌리까지 가게 된다. 의선은 날마다 머릿속으로 일기를 썼을 만큼 기억력이 좋았으나 이제는 인영과 명윤의 이름, 심지어 자신의 이름조차 기억하지 못한다. 하지만 불현듯 지능이 떨어지는 오빠를 홀로 버려두고 도망치듯 나와 황곡에서 중학교 사환으로 일하며 여비를 벌고 그 돈으로 서울에 올라와 봉제공으로 일하다 제약회사 사환으로 취직했음을 떠올린다. 그러다 햇빛이 자신의 옷들을, 어둠을 태우고 있음을 느끼고 옷을 벗고 햇빛을 맞으며 도망치는데, 그 후 인영, 명윤과 살지만 다시 도망쳐 나와, 연골로 가서 그 집에서 하루를 보낸다. 거기서 과거 어머니를 찾으러 갔다가 돌아오지 않았던 아버지를 떠올리며 누구라도 자신을 찾아와주기를 바라지만 그날, 그런 일은 발생하지 않는다. 이때 장은 광부 최 씨와의 만남을 통해 다시 광업소에 가 광부 몇몇의 사진을 찍는데, 아내가 죽었다는 말을 듣고 여비를 마련해서 서울로 올라간다. 다만 끝내 의선을 찾지 못하고 서울로 올라가던 인영과 명윤은 기차가 사고가 나면서 부상을 입는데, 인영이 입원한 병원에 장이 병문안을 오면서 저 말을 한다.

내가 초등학교 6학년 때, '수원삼성'이라는 축구팀이 생겼다. 삼성이라는 대기업에서 만든 팀이었고, 그 당시 유명한 선수들도 많이 데리고 와서 꽤 화제가 됐었다. 파주에 살던 나는 경기도에 응원할 만한 변변한 축구팀이 없었기에 이 팀을 자연스럽게 응원하게 됐는데, 그해 수원삼성은 K리그 준우승을 했다. 대단하지 않나? 신생팀인데. 또 2년 후에는 처음으로 K리그 우승을 했고, 그 후로도 꽤 많이 우승을 하며 나름 명문구단으로 자리를 잡아갔다. 그런데 팀이 내리막길을 걷던 2019년, 이임생 감독이 새로 부임한 후 울산HD와의 경기에서였다. 선수들이 실점한 후 자꾸 공격을 못하고 자기 진영으로 내려와 수비만 하니까, 화가 난 이임생 감독이 "뭐가 무서워서 자꾸 뒤로 가!"라고 버럭 소리쳤다. 라인을 올려서 상대편 진영에 선수들이 들어가야 골을 넣을 확률이 높아지는데, 뒷공간이 뚫릴 수 있다는 공포를 견디지 못하고 물러서는 모습에 화가 난 것 같았다. 이 공포를 견디지 못하면, 상대팀이 실수를 하지 않는 이상 골을 넣는 건 사실상 불가능해지니까 말이다. 결국 축구에서 나쁜 팀이란, 라인을 올렸을 때 뒷공간이 뚫리는 것을 견디지 못하는 겁쟁이 팀이라는 말과 같을 것이다.

정이현의 「순수」를 보면, "실패를 겁내는 인생은 이미 늙거나 죽은 자의 것이지요."(115쪽)라는 문장이 있다. 의선은 어릴 때 어머니가 떠나고, 아버지까지 어머니를 찾아 떠나자 정신지체를 앓는 오빠를 데리고 사택에서 홀로 버틴다. 먹을 게 없어지자 이웃 희선네에서 풀죽을 얻어다 오빠만 먹이며 겨우겨우 버텨낸다. 하지만 아빠는 돌아오기가 바쁘게 약초를 캐러 가고, 캔 약초를 팔아서 마련한 돈으로 어머니를 찾으러 어딘가로 다시 떠난다. 주민등록번호도 없어 학교도 갈 수 없고 동년배들은 모두 학교에 가 텅 빈 마을을 홀로 지키던 의선은 자신이 결국 버림받을 거라고 체념하기 시작했을 것이다. 마치 아버지가 그녀한테 해줬다는 이야기 속 '검은 사슴'처럼 말이다. 아무리 탄광 속 막장을 벗어나 맑은 하늘을 보러 밖으로 나가고자 하지만, 끝내 벗어날 수 없었던 검은 사슴들 말이다. 상대 진영에 올라가 멋진 골을 넣고 싶지만, 슬금슬금 자신의 진영으로 내려와 수비만 하고 있었던 2019년 수원 삼성처럼 말이다. 이미 늙거나 죽어버린 것들처럼.

한때, 나도 실패를 겁내며 산송장처럼 눈물로 견디던 때가 있었다. 희선의 숙제를 대신 해주는 의선을 보고 희선 엄마는 "필체가 좋구나. 학교도 안 다니는 애가."(487쪽)라고 말한다. 눈물이 핑 도는 의선을 보면서 실패만을 곱씹으며 뒤로 물러설 곳이 없을 정도로 굴욕적이었던 시절이 떠올랐다. 아마 20대에 김연수의 「깊은 말 기린의 말」에서 다음 문장을 만나지 못했다면, 나 역시도 차가움으로 똘똘 뭉친 검은 사슴처럼 되지 않았을까 싶다. "인내심이란 뭘 참아내는 게 아니라, 완전히 포기하는 일을 뜻했다. 견디는 게 아니라 패배하는 일."(47쪽) 이 문장을 만나고 나서부터는 되도록 '기억'을 안 하려고 했다. 마치 소설에서 기억을 상실해가던 의선처럼 말이다. 기억을 하면, 인내할 수 없다는 걸, 결국 상처가 떠오르며 다시 작아져버릴 거라는 걸 너무나 잘 알았기에, 되도록 실패를 받아들이고 패배하면서도 모든 가능성을 배제하고 일단 견디는 방법을 선택했었다. 고로 나도 이제 참을 만큼 참았어, 라는 누군가의 말을 나는 믿지 않는다. 참았기 때문이 아니라, 결국 참지 못했기 때문에 그렇게 말하는 거라는 걸 잘 알고 있으니까. 요즘도 유튜브에서 쇼츠로 "뭐가 무서워서 자꾸 뒤로 가!", 이 장면을 가끔씩 본다. 정말 정신이 번쩍 든다! 늙지 마, 죽지 마, 기다려, 꼭 이렇게 말하는 것 같다.

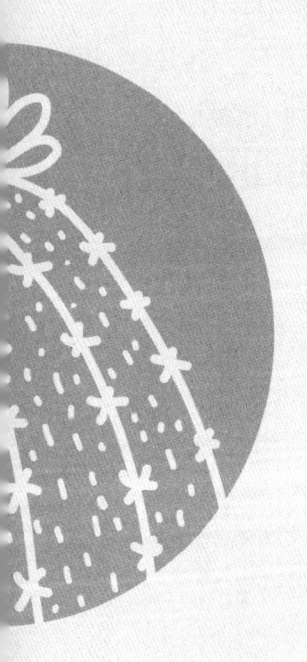

대단히 멋진 일까지는 아니더라도, '함께' 무언가를 하다 보면 그냥 기분이 좋아지고 마음가짐이 더 넓어지는 걸 느낄 때가 있다.

참고자료

한강,『소년이 온다』, 창비, 2014.
한강,『작별하지 않는다』, 문학동네, 2021.
한강,『흰』, 문학동네, 2018.
한강,『희랍어 시간』, 문학동네, 2011.
한강,『바람이 분다, 가라』, 문학과지성사, 2010.
한강,『여수의 사랑』, 문학과지성사, 2018.
한강,『검은 사슴』, 문학동네, 2017.
한강,『내 여자의 열매』, 문학과지성사, 2018.
한강,『노랑무늬영원』, 문학과지성사, 2018.
한강,『그대의 차가운 손』, 문학과지성사, 2002.
한강,『채식주의자』, 창비, 2007.

가라타니 고진,『은유로서의 건축』, 한나래, 2017.
공지영,『네가 어떤 삶을 살든 나는 너를 응원할 것이다』, 오픈하우스, 2008.
김경주,『나는 이 세상에 없는 계절이다』, 랜덤하우스, 2006.
김애란,「안녕이라 그랬어」,『음악소설집』, 프란츠, 2024.
김애란,『바깥은 여름』, 문학동네, 2017.
김애란,『잊기 좋은 여름』, 열림원, 2019.
김애란,『침이 고인다』, 문학과지성사, 2007.
김연수,「그 상처가 칼날의 생김새를 닮듯」,『내가 아직 아이였을 때』, 문학동네, 2016.
김연수,「깊은 말 기린의 말」,『사월의 미 칠월의 솔』, 문학동네, 2013.
김연수,「노란 연등 드높이 내걸고」,『내가 아직 아이였을 때』, 문학동네, 2016.
김연수,「당신들 모두 서른 살이 됐을 때」,『세계의 끝 여자친구』, 문학동네,

　　　　2009.
김연수,「우는 시늉을 하네」,『사월의 미 칠월의 솔』, 문학동네, 2013.
김연수,「이등박문을, 쏘지 못하다」,『나는 유령작가입니다』, 문학동네, 2016.
김연수,「진주의 결말」,『이토록 평범한 미래』, 문학동네, 2022.
김연수,「케이케이의 이름을 불러봤어」,『세계의 끝 여자친구』, 문학동네,
　　　　2009.
김연수,『사랑이라니 선영아』,『사랑이라니 선영아』, 작가정신, 2008.
김연수,『시절일기』, 레제, 2019.
김연수,『우리가 보낸 순간』, 마음산책, 2010.
김연수,『일곱 해의 마지막』, 문학동네, 2020.
김연수,『지지 않는다는 말』, 마음의 숲, 2018.
김영하,「오직 두 사람」,『오직 두 사람』, 문학동네, 2017.
김중혁,「바질」,『1F/B1 일층 지하 일층』, 문학동네, 2012.
김중혁,『내일은 초인간 : 극장 밖의 히치코크』, 자이언트북스, 2020.
김중혁,『모든 게 노래』, 마음산책, 2013.
김중혁,『뭐라도 되겠지』, 마음산책, 2011.
김중혁,『바디무빙』, 문학동네, 2016.
김훈,『칼의 노래』, 생각의 나무, 2001.
민정호,『이유 없는 다정함 : 김연수의 문장들』, 푸른사상, 2024.
미하일 바흐친,『말의 미학』, 길, 2006.
박민규,「누런 강 배 한 척」,『더블』, 2010.
앨버트 반두라,『사회적 학습이론』, 한국학술정보, 2003.
백가흠,『귀뚜라미가 온다』, 문학동네, 2005.
서동욱,『타자철학』, 반비, 2022
수전 손택,『타인의 고통』, 이후, 2007.
수전 손택,『해석에 반대한다』, 이후, 2002.
슬라보예 지젝,『신을 불쾌하게 만드는 생각들』, 글항아리, 2015.
슬라보예 지젝,『왜 하이데거를 범죄화해서는 안 되는가』, 글항아리, 2016.

슬라보예 지젝, 『처음에는 비극으로 다음에는 희극으로』, 창비, 2010.
슬라보예 지젝, 『폭력이란 무엇인가』, 난장이, 2011.
슬라보예 지젝, 『향락의 전이』, 인간사랑, 2002.
슬라보예 지젝, 『자본주의에 희망은 있는가』, 문학사상사, 2017.
신형철, 『느낌의 공동체』, 문학동네, 2011.
신형철, 『몰락의 에티카』, 문학동네, 2008.
신형철, 『슬픔을 공부하는 슬픔』, 한겨레출판사, 2018.
신형철, 『인생의 역사』, 난다, 2022.
신형철, 『정확한 사랑의 실험』, 마음산책, 2014.
알랭 드 보통, 『젊은 베르테르의 기쁨』, 생각의나무, 2005.
알랭 바디우, 『일시적 존재론』, 이학사, 2018.
윤성희, 「낮술」, 『베개를 베다』, 문학동네, 2016.
윤성희, 「자장가」, 『음악소설집』, 프란츠, 2024.
은희경, 『그것은 꿈이었을까』, 문학동네, 2008.
이장욱, 『혁명과 모더니즘』, 시간의 흐름, 2019.
정이현, 「순수」, 『낭만적 사랑과 사회』, 문학과지성사, 2003.
제레미 리프킨, 『육식의 종말』, 시공사, 2008.
진중권, 『미학 오디세이3』, 휴머니스트, 2004.
최상운, 『고흐 그림여행』, 샘터, 2012.
최창모, 『중동의 미래, 이스라엘과 팔레스타인』, 푸른사상, 2015.
토니 마이어스, 『누가 슬라보예 지젝을 미워하는가』, 앨피, 2005.
편혜영, 「원더박스」, 『소년이로』, 문학과지성사, 2019.
핼 포스터, 『강박적 아름다움』, 아트북스, 2018.
홍준기, 『라캉과 현대 철학』, 문학과지성사, 1999.
시오노 나나미, 『로마인 이야기 세트』, 한길사, 2008.